एक टुकड़ा रोशनी

एक टुकड़ा रोशनी

कीर्तिकुमार सिंह

वाणी प्रकाशन

प्रकाशन के उत्कृष्टतम 60 वर्ष

प्रथम संस्करण : 2023

vaniprakashan.com

वाणी प्रकाशन

4695, 21-ए, दरियागंज, नयी दिल्ली-110 002

फ़ोन : +91 11 23273167, 23275710

शाखाएँ

अशोक राजपथ, पटना-800 004, बिहार

कॉफ़ी हाउस कैम्पस, महात्मा गांधी मार्ग, इलाहाबाद-211 001, उत्तर प्रदेश

महात्मा गांधी अन्तरराष्ट्रीय हिन्दी विश्वविद्यालय, वर्धा-442 001, महाराष्ट्र

36/ए, शेक्सपीयर सरणी, रानी बिरला गर्ल्स कॉलेज के पास, कोलकाता-700 017, प. बंगाल

sales@vaniprakashan.in
vaniprakashan@gmail.com

Ek Tukda Roshni
by Kirti Kumar Singh

Short Stories

आर. टेक ऑफ़सेट प्रिंटर्स, दिल्ली-110 032 में मुद्रित

वाणी प्रकाशन का लोगो मक़बूल फ़िदा हुसेन की कूची से

हिन्दी के वरिष्ठ कथाकार द्वय

रवीन्द्र कालिया जी

एवं

ममता कालिया जी

को सादर समर्पित

अपनी बात

इस लघुकथा संग्रह की अधिकांश लघुकथाएँ मुहम्मदाबाद, गाज़ीपुर में लिखी गयी थीं, जब मैं शहीद स्मारक राजकीय महाविद्यालय मुहम्मदाबाद, यूसुफ़पुर, गाजीपुर में दर्शनशास्त्र के प्राध्यापक के रूप में कार्यरत था। इस लघुकथा संग्रह की सारी कहानियाँ मैंने इलाहाबाद में रहते हुए लिखी हैं।

मैंने महसूस किया है कि किसी स्थान पर लम्बे समय तक रहते-रहते मानसिकता में उस स्थान के अनुरूप परिवर्तन आता है। सोचने-समझने के तरीके में भी परिवर्तन आता है। मुहम्मदाबाद छोटी जगह है (या कि कह लीजिए गाज़ीपुर ही)। वहाँ की हवा में ज़िन्दादिली है इसीलिए वहाँ लिखते समय कलम में भी ज़िन्दादिली उतर आती है। गाज़ीपुर में रहनेवाले साहित्यकार डॉ. विवेकी राय के लेखन में बहुत ज़िन्दादिली है। मुझे लगता है, आदमी जैसे-जैसे महानगर की तरफ बढ़ता जाता है, उसके दिलो-दिमाग पर मनहूसियत काबिज होने लगती है। यद्यपि मैं स्वभाव से ही बहुत ज़िन्दादिल इंसान हूँ, पर मुझे स्पष्ट प्रतीत होता है कि इलाहाबाद शहर की हवा में गाज़ीपुर की हवा की अपेक्षा मनहूसियत है। चूँकि दिल्ली बहुत बड़ा

महानगर है, अतः लगता है, वहाँ की हवा में बहुत ज्यादा मनहूसियत पसरी होगी। सम्भवतः इसीलिए दिल्ली के लोगों को हँसने के लिए पैसा खर्च करना पड़ता है। वे मुफ्त में नहीं हँस पाते।

मानसिकता पर पड़नेवाला असर लेखन पर भी पड़ता है। जो जितने बड़े महानगर में रहता है, उसका लेखन उतना ही बोझिल, नीरस और उबाऊ होता है। दिल्ली के हास्य लेखक का हास्य लेखन भी उबाऊ होता है। मेरे कहने का यह मतलब नहीं है कि सारे के सारे लेखन में सरसता और ज़िन्दादिली होनी चाहिए। लेखन का जैसा विषय होगा, शैली उसी के अनुरूप अपनानी पड़ेगी। मेरे कहने का आशय सिर्फ इतना है कि गाज़ीपुर या और भी ज्यादा छोटी जगह, जैसे कि किसी गाँव-गिराँव में रहकर लेखन करनेवाले व्यक्ति का मूल्यांकन दिल्ली या मुंबई जैसे बहुत बड़े महानगर में रहनेवाले आलोचक द्वारा समुचित रूप से नहीं किया जा सकता। इसका उल्टा भी सत्य है। दिल्ली के कवि या कहानीकार का मूल्यांकन किसी छोटी जगह पर रहनेवाला आलोचक हीनताबोध के चलते या भयवश ही करता है। इन जगहों के आलोचकों के लिए भी दिल्ली के कवि या कहानीकार को पूरी तरह से समझ पाना संभव नहीं है।

एक बात और! मेरी लघुकथाओं में नाम अधूरे रहते हैं। जैसे—कमल, पवन, सौरभ आदि। कमल कुमार वर्मा या कमल कुमार गुप्ता या कमल कुमार त्रिपाठी जैसे पूरे नाम लिखने में घबराहट होती है। हमारे देश में, या कह लीजिए पूरी दुनिया में ही, इस समय एक रोग बहुत जबर्दस्त रूप में फैला हुआ है। भावनाएँ आहत हो जाना! जाने किस धर्म के लोगों की भावनाएँ आहत हो जायें, जाने किस जाति के लोगों की भावनाएँ आहत जायें, जाने किस क्षेत्र के लोगों की भावनाएँ आहत हो जायें। भावनाएँ आहत होने का कोई नाजुक सा बहाना भर चाहिए! किसी की भावना आहत न हो जाये, इसके लिए पूरी सावधानी बरतता हूँ। फिर भी यदि किसी की भावना आहत हो जाय तो यह पापी, नराधम क्षमाप्रार्थी है।

कीर्तिकुमार सिंह

15/6, स्टैनली रोड, सिविल लाइन्स,
इलाहाबाद-211001
चलभाष : 09415094253

चैत्र नवरात्र
ईसवी सन् 2012

अनुक्रम

ईश्वर का भक्त

रामलाल ईश्वर के बड़े भक्त और परम धार्मिक व्यक्ति थे। विधि-विधान से सुबह-शाम पूजा करते थे। उनके पड़ोसी थे श्यामलाल। गाँव में दोनों का घर आमने-सामने था। रामलाल के उलट श्यामलाल की पूजा-पाठ में विशेष दिलचस्पी नहीं थी। हाँ, भगवान में जरूर उनकी पूरी श्रद्धा थी।

रामलाल और श्यामलाल में घोर दुश्मनी थी। वजह था—जमीन का विवाद। एक जमीन को लेकर दोनों में पचीसों साल से मुकदमा चल रहा था। अदालतों में जिस तरह काम होता है, वैसे ही काम हो रहा था। तारीख पर तारीख! अन्तहीन तारीखें!

एक दिन शाम को भगवान की पूजा के बाद रामलाल उनके सामने कातर होकर विनती करने लगे, "हे प्रभु! हे दीनदयाल! हे कृपा निधान! लगता है, मुकदमा लड़ते-लड़ते मैं मर जाऊँगा और मेरे बेटों को यह मुकदमा लड़ना पड़ेगा। हे दयानिधे, अब इस मुकदमे का फैसला करवा दो। आप तो जानते ही हैं कि श्यामलाल कितना पापी और दुष्ट है। कभी आपका नाम नहीं लेता। मैं आपका परम भक्त और सेवक हूँ। मुझे मुकदमा जितवा दो।"

भगवान ने रामलाल की आधी बात सुन ली। अदालत ने घोषणा कर दी कि इस मुकदमे का फैसला अमुक तीरख को सुनाया जायेगा। रामलाल बहुत प्रसन्न हुए। आकर भगवान के चरणों में लोट गये, "हे प्रभु, जैसे आपने गज की प्रार्थना सुन ली थी, वैसे ही आपने मेरी भी प्रार्थना सुन ली। गज़ की पुकार पर आपने जैसे ग्राह का वध किया था, वैसे ही इस दुष्ट श्यामलाल को भी दण्ड दीजिए। बहुत सालों से उसने आपके इस भक्त को परेशान कर रखा है। आप तो शरण में आये का उद्धार करने वाले हैं। अपने इस दास की भी रक्षा कीजिए प्रभु!"

नियत तिथि को रामलाल और श्यामलाल दोनों अदालत में डटे हुए थे। दोनों के वकील भी डटे हुए थे। अदालत ने फैसला सुनाया—रामलाल की अपील अवैध है। जमीन श्यामलाल की है, अतः वह उन्हीं के पास रहेगी।

रामलाल बहुत आहत हुए। उन्हें उम्मीद नहीं थी कि भगवान उन्हें इस तरह धोखा देंगे। घर लौटकर उन्होंने भगवान को बहुत बुरा-भला कहा। उस दिन उन्होंने शाम को भगवान की पूजा भी नहीं की।

रात में दुःख के कारण रामलाल ने खाना भी नहीं खाया। ईश्वर के कृत्य से उन्हें बड़ा आघात लगा था। दिन-रात ईश्वर की पूजा करते रहे। उसका यह फल मिला।

रामलाल सो गये। सपने में ईश्वर साक्षात् उनके सामने आकर खड़े हो गये, "रामलाल तुम सचमुच मेरे भक्त हो। तुम बार-बार मुझसे मदद की प्रार्थना कर रहे थे, इसलिए मुझे तुम्हारी मदद करनी पड़ी। जमीन श्यामलाल की थी। तुम धोखाधड़ी से उसे हड़पना चाह रहे थे। मैंने तुम्हें एक पाप से बचा लिया, जिसका फल तुम्हें अगले जन्मों में भोगना पड़ता। वैसे तुम एक पाप के भागीदार हो चुके हो। तुमने श्यामलाल को पचीसों सालों तक अनावश्यक रूप से परेशान किया। श्यामलाल मेरी पूजा नहीं करता और तुम करते हो। इस कारण से यदि मैं तुम्हें जिता देता तो चापलूसी पसन्द मनुष्यों और मुझमें क्या फर्क रह जाता। श्यामलाल सच्चाई के रास्ते पर था, याद रखो! सच परेशान हो सकता है, पराजित नहीं होता।"

उत्तर आधुनिक

"क्यों गुरू? आँख सेंक रहे हो?" शालिनी ने मुस्करा कर काफी जोर से जयंत से पूछा। जयंत शर्म से पानी-पानी हो गया। वह काफी देर से फाइल रखकर इकटक शालिनी को देख रहा था। जयंत को सिटपिटाया देख शालिनी उसे आँख मार कर मुस्करायी, "कोई बात नहीं—कोई बात नहीं, मैं भी रास्ता चलते आँख सेंकती रहती हूँ।"

ऑफिस में हॉल में बैठकर काम कर रहे सारे के सारे लोग एकदम से सन्न रह गये। बाप रे, इतनी तेज-तर्रार औरत!

एक दिन पहले ही शालिनी ने इस कंपनी में काम शुरू किया था। बाइस-तेइस साल की अत्यंत सुंदर युवती थी वह। चूँकि वह शादीशुदा थी, इसलिए उससे एकदम से परिचय करने में लोग अभी झिझक रहे थे लेकिन काम शुरू करने के दूसरे ही दिन इतने बिन्दास अन्दाज़ में उसने अपने को प्रस्तुत किया कि लोगों की साँस थम गयी।

ऑफिस में ज्यादातर युवा लोग ही कार्यरत थे। कुछ लड़के-कुछ लड़कियाँ। केवल जगदीश जी ही बावन साल की उम्र के थे। जगदीश जी सुंदर लड़कियों-औरतों से दोस्ती करने में काफी दिलचस्पी लेते थे।

अगले दिन काम करते-करते शालिनी ने अचानक बड़ी जोर से खाँसा। नकली और बनावटी खाँसी! सारे लोग उसकी ओर देखने लगे। ''क्यों मिस्टर विजय? रात में किसी लड़की को निपटाया है क्या?'' उसने विजय की ओर मुँह करके पूछा। ''मेरा नाम विजय नहीं है और मैं एक शादीशुदा व्यक्ति हूँ।'' विजय ने शरारत के साथ कहा। ''जी नहीं! आपका नाम विजय ही है और आपकी शादी अभी नहीं हुई है...और मैंने आपको इसलिए टोका क्योंकि आप ऊँघ रहे हैं।'' शालिनी ने पूरी ढिठाई से कहा। विजय ने भी उसी ढिठाई से पूछा, ''आपको इस ऑफिस में सबका बायोडाटा मालूम है क्या?'' ''हाँ, आफिस में सबका बायोडाटा मुझे मालूम है!'' शालिनी विजय को आँख मारकर मुस्करायी। विजय की बोलती बन्द हो गयी।

ऑफिस की सारी लड़कियों-औरतों ने शालिनी की ओर घूरा। सबकी आँखों में घृणा और ईर्ष्या भरी हुई थी। घृणा इसलिए कि कितनी बेशर्म औरत है यह! और ईर्ष्या इसलिए कि ऑफिस के सारे मर्द अब इसी के पीछे घूमेंगे।

सचमुच वही हुआ। सारे मर्दों में शालिनी से दोस्ती करने की होड़ लग गयी। जगदीश जी चुपचाप और शान्त थे। वे सोच रहे थे कि कर लेने दो सबको दोस्ती। मैं सबसे अन्त में आराम से और ठीक से दोस्ती करूँगा।

और एक दिन जगदीश जी को मौका मिल गया। सब जा चुके थे। जगदीश जी भी ऑफिस से निकलने की तैयारी में थे। उन्होंने देखा कि शालिनी भी निकलने की तैयारी कर रही है। वे शालिनी के पास पहुँचे और बोले, ''चलिए शालिनी जी मैं आपको घर तक छोड़ दूँ।'' ''थैंक्यू सर!'' शालिनी ने कहा और उनके साथ चल दी।

जगदीश जी कार चला रहे थे और बगल में उन्होंने शालिनी को बैठा रखा था। जगदीश जी ने बात शुरू की, ''शालिनी जी, आप बहुत आधुनिक विचारों वाली महिला हैं।''

''कितना भी आधुनिक हो लें, हम लोग अपनी परम्परा और संस्कृति से नहीं कट सकते सर! मैं मानती हूँ कि हमारी भारतीय संस्कृति दुनिया में सबसे महान् है। हमारी भारतीय संस्कृति में माना गया है कि किसी भी औरत का सबसे बड़ा आभूषण उसका पति होता है। गोस्वामी तुलसीदास जी ने कहा है—

धीरज धर्म मित्र अरु नारी। आपद काल परखिए चारी।।
वृद्ध रोग बस जड़ धन हीना। अंध बधिर क्रोधी अति दीना।।
ऐसेहु पति कर किएँ अपमाना। नारि पाव जमपुर दुःख नाना।।
एकइ धर्म एक व्रत नेमा। कायँ बचन मन पति पद प्रेमा।।''

पतिव्रता औरत के कर्तव्य और भारतीय संस्कृति पर शालिनी ने ऐसा धाराप्रवाह भाषण देना शुरू किया कि जगदीश जी की खोपड़ी भन्ना गयी। उन्होंने उम्मीद की थी कि रास्ते भर अत्यन्त सरस वार्तालाप होगा। वे समझ गये कि शालिनी आधुनिक नहीं बल्कि आधुनिक की दादी-पड़दादी है। किसी तरह उसका घर आया। उसे उसके घर छोड़, जगदीश जी अपनी कार लेकर भाग खड़े हुए।

पापिनी

एक ऋषि एक जंगल में कठोर तपस्या में लीन थे। तपस्या करते बीसों साल बीत गये थे। एक दिन अचानक ऋषि की आँखें खुल गयीं। उन्होंने चारों तरफ निगाहें दौड़ायीं।

ऋषि ने देखा कि एक जगह एक औरत लकड़ियाँ बीन रही हैं। ऋषि उसे कुछ देर देखते रहे। उनका मन डोलने लगा था। अचानक ऋषि उस औरत पर टूट पड़े। औरत जोर-जोर से चिल्लाने लगी लेकिन उस जंगल में उसकी आवा. ज सुनने वाला कोई नहीं था। ऋषि ने उस औरत की इज़्ज़त तार-तार कर डाली।

सब कुछ हो जाने के बाद ऋषि को अपने गुरु की बात याद आयी, 'वत्स! इस धरती पर सारे पापों की जड़ औरत है। उससे बचकर रहना। औरत की माया में फँसने वाले का सर्वनाश हो जाता है।' ऋषि को उस औरत पर बड़ा क्रोध आया। उनकी तपस्या भंग हो चुकी थी। वे गुस्से में बोले, ''पापिनी, कलंकिनी! तूने अपनी माया में फँसाकर मेरी तपस्या भंग कर दी। जा, मैं तुझे श्राप देता हूँ कि तेरा पेट कभी नहीं भरेगा।''

औरत असहाय होकर ऋषि को देखने लगी। एक तो उसने उसकी इज़्ज़त भी लूटी और दूसरे श्राप भी दे दिया। इतने सालों तक तपस्या करके भी वह अपनी इंद्रियों को वश में नहीं कर सका था। उसका मन तो तपस्वी को देखकर नहीं डोला था। औरत हिकारत से ऋषि को देखती हुई चली गयी।

माँ

"तुम लोगों को पैसे की कद्र नहीं मालूम। उड़ाते फिरते हो उसे। दस हजार रुपये होटल में फूँक आये। बाप रे...! इतने में तो कोई छोटा-मोटा जेवर बन जाता। तुम लोगों ने कभी अभाव नहीं देखा है न! हम लोगों ने देखा है अभाव। पाँच-पाँच पैसे के लिए तरसे हैं। हमें मालूम है कि पैसा क्या होता है..."

सुरेश की माँ बड़बड़ा रही थी। सुरेश अपनी पत्नी रमा और दोनों बच्चों को लेकर दिन में दस बजे होटल चला गया था। लौटा रात के दस बजे। होटल में सबने दिन भर खूब मौज-मस्ती की। होटल से लौटने पर जब सुरेश ने अपनी माँ को होटल में खर्च हुए कुल पैसे के बारे में बताया तो उसकी माँ फट पड़ी।

रमा को भी ताव आ गया। सुरेश से बोली, "जाकर उस बुढ़िया को समझा दो नहीं तो मैं भी अभी दस बात सुना दूँगी। होटल में इतना मज़ा आया था। सारा मूड चौपट कर दिया बुढ़िया ने। अरे पैसा हमने अपना खर्च किया है या इस बुढ़िया का? हमारा पैसा है। हम चाहे जिस तरह खर्च करें। अपना पैसा बुढ़िया अपने पास रखे रहे। मर जाएगी तो अपने साथ लेती जाएगी।"

सुरेश न तो अपनी माँ को कुछ कह पा रहा था, न पत्नी को समझा पा रहा था। वह डर रहा था कि पत्नी की बात माँ के कान में न पड़ जाय। खैर...! बात अपने आप ही शांत हो गयी।

एक दिन सुरेश शाम को ऑफिस से घर लौटा। अपने कमरे में घुसा तो रमा मंद-मंद मुस्करा रही थी। "क्या हो गया? कुछ खास बात?" सुरेश ने उत्सुकता से पूछा। रमा बोली, "अभी मेरे घर से भइया का फोन आया था। इस समय मेरे घर में बहुत मज़ा आ रहा है। भइया-भाभी बच्चों को लेकर आज होटल गये थे। वे लोग होटल में चार हजार रुपये खर्च करके आये हैं। इस समय मम्मी इसी बात पर भड़की हुई हैं। भइया-भाभी मम्मी के डर के मारे अपने कमरे में छुप कर बैठे हुए हैं।" रमा लगातार मुस्कराये जा रही थी। उसकी मुस्कराहट बन्द ही नहीं हो रही थी।

फायदा

विजय ने उस दिन के आठ-दस अखबार लाकर पत्नी के सामने गर्व से पटक दिये। पत्नी ने कौतूहल से पूछा, ''इतना अखबार कहाँ से लाये?'' ''खरीदकर लाया हूँ।'' विजय ने उसी भाव से जवाब दिया। पत्नी उखड़ गयी, ''इतना अखबार खरीदने की क्या आवश्यकता थी?'' विजयी मुद्रा में विजय ने जवाब दिया, ''अखबारों को ध्यान से पढ़ो!'' उत्सुकतावश पत्नी ने एक अखबार खोला और एक-एक पन्ना पलटने लगी। निगाहें हर हेडिंग को सावधानी से देख रही थीं। पाँचवें पृष्ठ पर उसकी निगाहें अटक गयीं। उस पर विजय की फोटो छपी थी। साथ में था समाचार। कि राज्य सरकार ने विजय को साहित्यिक सम्मान देने का निर्णय लिया है। ''अरे! तुमने मुझे बताया नहीं। अखबार वालों ने तुम्हारी फोटो तो तुम्हीं से ली होंगी।'' पत्नी खुश होती हुई बोली। ''मैंने सोचा तुम्हें सरप्राइज दूँ!'' विजय ने हँसते हुए कहा।

पत्नी सारे अखबार पलट गयी। सारे अखबारों में विजय की फोटो थी। साथ में सम्मानित किये जाने की सूचनावाला समाचार था। कितना पैसा मिलेगा आपको?''

पत्नी ने पूछा। विजय ने जवाब दिया, ''पैसा नहीं मिलेगा। सरकार अंगवस्त्रम् और प्रशस्ति-पत्र देकर सम्मानित करेगी।'' पत्नी का चेहरा उतर गया, ''ऐसे सम्मान का क्या फायदा जिसमें पैसा न मिले।'' ''अरे पूरे प्रदेश में अखबारों में मेरी फोटो छपी, मेरे बारे में समाचार छपा—क्या यह कम है? कितने बड़े गर्व की बात है...'' ''खाक गर्व की बात है? एक पैसा नहीं मिला। अखबारों के समाचार को मैं चाटूँगी क्या? अखबार वालों को फोटो तक तो अपने पैसे का दिये होंगे। दुकान पर ही अखबार पढ़ लेने की जरूरत थी। इतने अखबार खरीदने में भी पैसा बर्बाद किया। आपकी तो मति मारी गयी है। अखबारों में अपनी फोटो और अपने बारे में समाचार देखकर फूलकर कुप्पा हो जाते हैं।'' पत्नी पैर पटकती हुई रसोई में चली गयी।

पितृभक्त

वैभव जी विश्वविद्यालय में वनस्पति विज्ञान (बाटनी) के प्रोफेसर थे। परिवार में थे कुल पाँच प्राणी। वैभव जी, पत्नी-शिखा, बेटा, बेटी और पिता जी।

पिता जी इधर कुछ अस्वस्थ चल रहे थे। माँ पहले ही दिवंगत हो गयी थीं। पिता जी की अस्वस्थता लम्बी खिंचने लगी तो वैभव जी उन्हें अस्पताल ले गये। चेकअप कराने के लिए।

एक सप्ताह के अन्दर सारी रिपोर्टें मिल गयीं। सारी रिपोर्टों के साथ वैभव जी डॉक्टर से मिले। डॉक्टर ने उन्हें जो कुछ बताया उससे उनका सिर घूम गया। पिता जी इस समय बहुत खतरनाक स्थिति में थे। इलाज का खर्च कम से कम पाँच लाख!

घर आकर वैभव जी ने पत्नी शिखा को सारी बात बतायी। शिखा ने उन्हें समझाया, ''पिता जी बहुत जी लिये। चौरासी साल के हो गये हैं। वैसे भी माँ जी के न रहने से वे अकेले हो गये हैं। उनके पीछे पाँच लाख बर्बाद करना बुद्धिमानी नहीं है।'' ''क्या बात कर रही हो? मेरे पिता हैं। मैं उन्हें ऐसे ही मरने के लिए नहीं

छोड़ दूँगा। मैं उन्हें अभी ले जाकर अस्पताल में भर्ती करता हूँ। वैसे भी अस्पताल के मालिक डॉ. धर्मवीर मेरे घनिष्ठ मित्र हैं। पिता जी का कायदे से इलाज होगा।'' वैभव जी ने पलटकर जवाब दिया।

शिखा नाराज़ हो गयी, ''बूढ़े बाप पर ले जाकर पाँच लाख फूँक दो। बच्चों की पढ़ाई के लिए ज़रूरत पड़ेगी तो कटोरा लेकर चारों तरफ माँगना।'' वैभव जी ने पत्नी की एक नहीं सुनी और पिता जी को ले जाकर अस्पताल में भर्ती कर दिया।

वैभव जी जी-जान से पिताजी की सेवा में लगे रहे। ईश्वर की मर्जी के आगे सब लाचार हैं। एक सप्ताह बाद वे अस्पताल में ही चल बसे।

पिता जी का क्रिया-कर्म बीत जाने के बाद शिखा ने वैभव जी से कहा, ''आखिर पिता जी चले ही गये। पाँच-छः लाख फूँक कर आपको भी तसल्ली हो गयी।'' वैभव जी मुस्कराये, ''पाँच-छः लाख फूँक दिये कि कमाये?'' ''क्या मतलब?'' शिखा चौंकी। वैभव जी वैसे ही मुस्कराते रहे, ''अस्पताल के मालिक डॉ. धर्मवीर मेरे घनिष्ठ मित्र हैं। पिता जी अस्पताल में भर्ती थे और उन्हें केवल पानी (ड्रिप) चढ़ता रहता और कोई दवा नहीं हुई। पिता जी के क्रिया-कर्म समेत कुल खर्च आया एक लाख का। पिता जी के इलाज का कुल बिल बना छः लाख रुपये का, जो विश्वविद्यालय से मुझे प्राप्त हो चुका है बताओ मैंने पाँच लाख रुपये गँवाये या कमाये?

''आप ज़िन्दगी की बिसात पर इतनी खामोशी से चालें चलते हैं कि किसी को कुछ हवा नहीं लगने देते!'' शिखा भी मुस्करा दी।

कुलच्छनी

मुझे और घनश्याम जी को शाम की ट्रेन से दिल्ली जाना था। शाम को मैं उनके घर पहुँचा। वे यात्रा के लिए तैयार हो रहे थे। अपने आने की सूचना देकर मैं उनका इन्तज़ार करने लगा।

घनश्याम जी की सात साल की बेटी मेरे पास खड़ी होकर मुझसे बात कर रही थी। अचानक भयभीत होकर वह बाहर की ओर तेजी से भागी। जाने कहाँ गायब हो गयी। पाँच मिनट बाद वह फिर वापस आ गयी। मैंने उत्सुकता से पूछा, "क्या हो गया था बेटे? तुम क्यों डर कर भागी थी? कहाँ गयी थी?" वह बोली, "अंकल दरअसल मुझे छींक आने वाली थी इसीलिए मैं इतनी दूर भाग गयी थी कि पापा को मेरे छींकने की आवाज न सुनायी पड़े।"

"अच्छा! पापा बाहर जा रहे हैं इसलिए?" मैं हँसने लगा।

"हाँ अंकल!"

"लेकिन इसमें इतना डरने की क्या बात थी?"

“दरअसल पापा अगर कहीं जाने लगते हैं और मैं छींक देती हूँ तो पापा मुझे बहुत मारते हैं।”

“क्यों?”

“कहते हैं कि एक तो कुलच्छनी बेटी बनकर पैदा हुई, दूसरे कहीं निकलने लगता हूँ तो छीं-छीं करने लगती है।”

आपको तो बता ही दूँ!

डॉ. निर्मल महाविद्यालय में मुझसे वरिष्ठ अध्यापक थे। मैं महाविद्यालय में नया आया था और वे वहाँ पर दस साल से पढ़ा रहे थे। महाविद्यालय में कार्य करते हुए मानसिक रूप से मैं उनसे काफी जुड़ गया।

निर्मल जी थे ही सम्मान के काबिल। साल में एक ग़रीब छात्र की फीस खुद भरते थे। ग़रीब छात्रों को विशेष प्रयास करके पुस्तकालय से किताबें दिलवाते थे। उन्हें छात्रवृत्ति दिलवाने के लिए रात-दिन एक किये रहते थे। घर और महाविद्यालय, दोनों जगह छात्रों को मार्गदर्शन देने के लिए वे हमेशा तत्पर रहते थे।

चूँकि वे सबकी सहायता के लिए हमेशा तत्पर रहते थे, इसलिए महाविद्यालय में उनका विशेष सम्मान था। क्या छात्र, क्या चपरासी, क्या बाबू और क्या अध्यापक; सबके सब उनके मुरीद थे। नियम-कानून के भी वे बड़े जानकार थे। अध्यापकों को सेवा सम्बन्धी किसी नियम की जानकारी चाहिए होती तो वे निःसंकोच निर्मल जी के पास पहुँच जाते।

एक दिन मैं निर्मल जी के घर शाम को गया। कुछ देर गपशप हुई। उन्होंने मुझसे रात का खाना साथ खाने का अनुरोध किया। मैं अपने कमरे पर अकेले ही रहता था। मैं रुक गया। खाना खाकर हम दोनों सड़क पर हवाखोरी करने निकले।

रात के दस बज रहे थे। गर्मी का समय था। सरसराती हुई हवा चल रही थी। सड़क भी सुनसान थी। हम दोनों गप्पें लड़ाते हुए सड़क पर टहल रहे थे।

अचानक सड़क पर एक भयंकर दुर्घटना हो गयी। एक तरफ से ट्रक आ रही थी दूसरी तरफ से एक छोटी कार। ट्रक कार से टकरायी। कार एकदम से हवा में उड़ गयी। ट्रक का ड्राइवर ट्रक लेकर भाग खड़ा हुआ। मैं और निर्मल जी दौड़कर कार के पास पहुँचे। कार बुरी तरह क्षतिग्रस्त हो गयी थी। कार का ड्राइवर और कार में पीछे बैठा हुआ आदमी दोनों मर चुके थे। निर्मल जी ने प्रयास करके कार का पिछला दरवाजा खोला। पीछे दो सूटकेस पड़े हुए थे। निर्मल जी ने दोनों सूटकेस खोले। एक में कपड़े भरे हुए थे। यह क्या! दूसरा सूटकेस पूरी तरह से नोटों की गड्डियों से भरा हुआ था। निर्मल जी ने कपड़ों वाला सूटकेस बन्द करके कार के अन्दर रख दिया। इसके बाद वे मरे हुए व्यक्ति की अँगूठियाँ, सोने की चेन और घड़ी इत्यादि जल्दी-जल्दी निकालने लगे। "यह क्या कर रहे हैं सर?" मैं एकदम से भौंचक्का होकर बोला। "चुप रहो!" वे सख्ती से बोले, "किसी से भी इस घटना का जिक्र मत करना। पुलिस के चक्कर में फँसकर बर्बाद हो जाओगे। अपनी मोटरसाइकिल उठाओ और तुरंत घर फूट लो। पैसे वाला सूटकेस और सब सामान बटोर कर वे घर की ओर लपके। अचानक रुक गये। बोले, "बाई गाड माई डियर, आज तो मेरी लाटरी खुल गयी। किसी से मेरे बारे में कुछ उल्टा-सीधा मत कहना। समाज में मेरी ऐसी छवि है कि लोग मुझे कुछ नहीं कहेंगे। तुम ही दस गाली खाओगे।"

वे सारा सामान लेकर घर के अन्दर भाग गये। मैं भौंचक्का-सा वहीं खड़ा देखता रह गया।

इच्छा

वह जब भी शीशे के सामने खड़ा होता तो देखता कि बाल काफी बड़े-बड़े हो गये हैं। उसकी हार्दिक इच्छा थी कि बाल कट जायें। लेकिन कामकाज की व्यस्तताएँ! चाह कर भी वह अपने बाल नहीं कटवा पा रहा था।

एक दिन उसने सारा कामकाज छोड़कर समय निकाला। नाई के यहाँ पहुँचा। बाल कट गये।

घर पहुँचकर उसने शीशे में अपने बालों को निहारा। सिर पर छोटे-छोटे बाल देखकर उसे बड़ा सुकून मिला।

लेकिन एक दिन बाद से ही मनःस्थिति बदल गयी। वह शीशे के सामने खड़ा होता तो लगता कि बाल छोटे-छोटे हैं। अब उसकी हार्दिक इच्छा थी कि बाल जल्दी बढ़ जायें।

आदर्श...यथार्थ

देश के प्रसिद्ध चिन्तक और विद्वान मतंगेश्वर जी दिवंगत हो गये। देश में शोक की लहर फैल गयी। विशेषरूप से उनके अपने शहर में।

शहर के अखबारों में उनपर लेख छप रहे थे। टी.वी. चैनलों पर उनसे सम्बन्धित तमाम लोगों के संस्मरण प्रसारित हो रहे थे।

मेरे एक मित्र महोदय से भी एक टी.वी. चैनल के लोग मतंगेश्वर जी के बारे में पूछने आये। उस समय मैं वहीं बैठा था।

"...मतंगेश्वर जी में बौद्धिक ऊर्जा और शारीरिक ऊर्जा, दोनों भरपूर थी। चौरानवे की उम्र में भी वे ज़िन्दगी को उसी शिद्दत के साथ जी रहे थे। उनकी अचानक हृदयगति न रुक गयी होती तो वे अभी और देश की सेवा करते। उनकी मेधा विलक्षण थी। मुद्दा सामाजिक हो, राजनीतिक हो, साहित्यिक हो या धार्मिक; वे एक जैसे पैनेपन से सबका विश्लेषण करते थे। मेरे ऊपर तो उनकी विशेष कृपा थी। उम्र में उनसे आधा होने पर भी मुझे वे मित्रवत् स्नेह देते थे। एक-एक मुद्दे

पर मेरी उनसे घंटों चर्चा होती थी। उनके साथ किसी मुद्दे पर बहस करने में मुझे एक अलग ही बौद्धिक आनन्द और सन्तोष की अनुभूति होती थी...'' मेरा मित्र बोले जा रहा था।

मैं मुँह फैलाये अपने मित्र की बातें सुन रहा था। मैं कुछ समझ ही नहीं पा रहा था। मुझे एक महीने पहले की एक घटना याद आ रही थी। मैं और मेरा मित्र बाजार में खरीददारी करते हुए पैदल टहल रहे थे। अचानक दूर सामने से मतंगेश्वर जी भी आते हुए दिखे। मेरा मित्र मेरा हाथ पकड़कर लगभग घसीटते हुए एक दुकान के अन्दर मुझे खींच ले गया। मैंने आश्चर्य से पूछा, ''क्या हुआ?'' ''देखा नहीं? सामने से मतंगेश्वर जी आ रहे थे। निकल जाने दो नहीं तो बुड्ढा अभी घंटों चाटेगा।'' मेरे मित्र ने जवाब दिया था।

बदला

वे ट्रेन से इलाहाबाद से लखनऊ जा रहे थे। उनके पास साधारण टिकट था, लेकिन रिजर्वेशन वाले डिब्बे में बैठ गये थे। जानबूझकर नहीं चढ़े थे। स्टेशन पर पहुँचते ही ट्रेन चल दी। सामने जो डिब्बा पड़ा उसी में चढ़ गये।

रास्ते में टी.टी. डिब्बे में घुसा। सबका टिकट चेक करने लगा। उनके पास पहुँचा। ''साधारण टिकट लेकर रिजर्वेशन कोच में बैठे हैं? जुर्माना दीजिए।'' टी. टी. उखड़ गया। ''देखिए, मैं जानबूझकर इस डिब्बे में नहीं बैठा हूँ। स्टेशन पर टिकट लेकर जैसे ही ट्रेन के पास पहुँचा, ट्रेन चल दी। सामने यही डिब्बा पड़ा। आप ही बताइए क्या करता?'' उन्होंने संयत होकर कहा। ''सब ऐसे ही कहते हैं। साधारण टिकट लेकर रिजर्वेशन कोच में बैठना नियम विरुद्ध है। रिजर्वेशन के किराये के साथ जुर्माना भी दीजिए।'' टी.टी. अड़ गया।

अन्त में टी.टी. ने दो सौ रुपये लिए, अपनी जेब के हवाले किया और चला गया। उन्हें बड़ा गुस्सा आया। बड़बड़ाने लगे, 'इस सरकार में बड़ा भ्रष्टाचार है।

साधारण आदमी ही सबसे असहाय है। कोई बात नहीं। मैं भी सरकार को दो सौ का चूना लगाकर ही रहूँगा।'

लौटते समय वे बस से लौट रहे थे। बस सरकारी थी। लखनऊ से इलाहाबाद का किराया था सौ रुपये।

वे चुपचाप पीछे एक कोने में बैठे थे। उन्होंने तय कर रखा था कि जब तक कन्डक्टर उनके पास आकर टिकट बनवाने के लिए नहीं कहेगा, वे टिकट नहीं बनवायेंगे। दो सौ में से सौ रुपये का चूना वे आज ही सरकार को लगा देना चाह रहे थे।

कन्डक्टर थोड़ा लापरवाह था। अपनी सीट पर बैठे-बैठे ही "टिकट बनवा लीजिए-टिकट ले लीजिए" कर रहा था। उसकी सीट के पास आकर एक-एक करके लोग टिकट बनवाते जा रहे थे। बस आगे बढ़ती जा रही थी। वे चुपचाप दुबककर बैठे थे।

वे बस या ट्रेन में कभी बिना टिकट नहीं चले थे। उनका जी घबरा रहा था। जहाँ बस रुकती, उनके दिल की धड़कन बढ़ जाती—'कहीं टिकट चेक करने वाले तो नहीं हैं? अगर पकड़ लिया गया तो? सारी इज़्ज़त मिट्टी में मिल जाएगी।' वे अपनी ही निगाह में चोर बने चुपचाप दुबके हुए बैठे थे। एक-एक पल भारी हो रहा था, लेकिन सरकार को सौ रुपये चूना लगाने का हठ भी पीछा नहीं छोड़ रहा था।

अन्ततः बस इलाहाबाद पहुँच गयी। उन्हें डर लगा रहा था कि उतरते समय कन्डक्टर कहीं उन्हें पकड़ न ले। कई सारे लोगों की भीड़ के साथ वे वे जल्दी से बस से कूद गये। उन्हें महसूस हुआ कि उन्होंने सरकार को सौ रुपये का चूना तो लगा दिया लेकिन बदले में हजारों रुपये का सुख-चैन नष्ट किया।

दामाद

"दामाद जी...दामाद जी..."

तेज आवाज से मंगल सिंह की आँख खुल गयी। बहुत रात में सोये थे। अभी उठने का मन नहीं हो रहा था। लेकिन सम्बोधन ने उन्हें चौंका दिया।

देखा तो कोठे की मालकिन सोनाबाई सामने खड़ी थी। गुस्से से फनफनाते हुए मंगल सिंह बिस्तर पर बैठ गये, "क्या बोली तू?" "दामाद जी, और क्या?" सोनाबाई मुस्करायी। मंगल सिंह ने गुस्से से आँखें तरेरी, "तेरा दामाद लगता हूँ मैं?" सोनाबाई मुस्कराती रही, "दो दिन से मेरी बेटी के साथ सो रहे हैं। मेरे घर में रुके हुए हैं। दामाद नहीं हैं तो क्या हैं? मैं तो बलिहारी जाऊँ ऐसे दामाद पर। अपनी जवानी में मुझे ऐसा कोई बाँका छबीला नहीं मिला।"

"खामोश! बदजात कहीं की। किसी को दामाद बनाने लायक होती तो कोठा न चला रही होती।"

"कोठा न चला रही होती आप जैसा सलोना दामाद मेरे घर कैसे आता?"

“फिर मुझे दामाद कहा तो ज़बान खींच लूँगा तेरी। तेरी बेटी की तरह मेरी बीवी दूसरों के साथ नहीं सोती।”

“क्या पता? दो दिन से तो आप मेरे कोठे पर हैं। घर पर आपकी बीवी न जाने किसके साथ सो रही हो?”

“खामोश ऽऽऽ” मंगल सिंह लगभग चीख पड़े। जल्दी-जल्दी अपना कपड़ा पहना। सामान समेटा और चल दिये। सोनाबाई ने जोर से आवाज लगायी, “अरे बेटी देख! तेरे पति नाराज़ होकर चले जा रहे हैं। रोक उन्हें।”

आस्तीन का साँप

दोनों पक्षों में खूनी अदावत थी। एक तरफ थे विजय सिंह और समर सिंह, दूसरी तरफ थे सुबोध सिंह और उनके तीन भाई। विजय सिंह और समर सिंह एक दूसरे के घनिष्ठ मित्र थे। झगड़ा मूलतः समर सिंह और सुबोध के परिवारों के बीच था। लँगोटिया यार होने के नाते विजय सिंह समर सिंह की तरफ से कूद पड़े थे। सुबोध सिंह और उनके तीनों भाई समर सिंह के इकलौते भाई की हत्या कर चुके थे।

विजय सिंह और समर सिंह ने कई बार हमले की योजना बनायी, हमला भी किया परन्तु वे हर बार असफल रहे। सुबोध सिंह और उनके भाइयों ने भी दो बार हमला किया था। भाग्य के सहारे विजय सिंह और समर सिंह बच सके थे। समर सिंह की योजना में हर बार झोल रह जाता था, जबकि सुबोध सिंह बड़ी सटीक योजना बनाते थे।

समर सिंह बहुत परेशान थे। उन्हें समझ में नहीं आ रहा था कि ऐसा क्यों हो रहा है!

सुबोध सिंह का सबसे छोटा भाई बलवन्त बहुत पियक्कड़ था। समर सिंह को उसके अड्डे की जानकारी थी। एक दिन रात आठ बजे कुछ सोचकर समर सिंह उस जगह पहुँच गये, जहाँ बलवन्त अपने दोस्तों के साथ शराब पीता था। समर सिंह भी थोड़ा-बहुत पीते थे।

बलवन्त अपने दोस्तों के साथ पी रहा था। समर सिंह को देखते ही वह राइफल लेकर खड़ा हो गया। समर सिंह एक कोने में बैठ गये और शराब मँगाकर चुपचाप पीने लगे। बलवन्त निश्चिन्त हो गया और बैठकर फिर से पीने लगा। समर सिंह को देखकर वह जोश में आ गया था। समर सिंह को सुना-सुनाकर वह डींगे भी मारने लगा।

थोड़ी देर में बलवन्त अपने दोस्तों के साथ एकदम धुत हो गया। अब वह जो कुछ भी बोल रहा था, सच बोल रहा था। बोला, "अरे यह साला समर सिंह हम लोगों से क्या जीतेगा? इसका दोस्त विजय सिंह मेरे भाई से पैसा लेता है। इसकी एक-एक बात आकर चुपके से मेरे भाई को बता जाता है। साला...दोगला..." समर सिंह एकदम से सन्न रह गये।

सर्कस

उस सर्कस की पूरे शहर भर में बहुत चर्चा थी। नया-नया लगा था। सर्कस के कलाकार ऐसे-ऐसे हैरतअंगेज करतब दिखा रहे थे कि लोग दाँतों तले उँगली दबा लेते थे। स्थानीय समाचार-पत्रों और टी.वी. चैनलों में सर्कस के बारे में इसलिए चर्चा हो रही थी कि सर्कस के कलाकार जान पर खेल कर करतब दिखा रहे थे। जहाँ तक लोगों की जानकारी थी, ऐसा सर्कस शहर में अभी तक नहीं आया था।

एक दिन अनिरुद्ध ने अपने मित्र बालेश से कहा, "बड़ी तारीफ़ हो रही है सर्कस की। चलो चल कर एक दिन देख आया जाय। दोनों टिकट मैं ही खरीदूँगा।" बालेश तैयार हो गये।

निर्धारित दिन दोनों मित्र सर्कस देखने पहुँच गये। वादे के मुताबिक टिकट अनिरुद्ध ने ही खरीदा।

शो खत्म हो गया तो दोनों मित्र बाहर निकले। अनिरुद्ध एकदम से अभिभूत थे। सर्कस और उसके कलाकारों की तारीफ़ों के वे पुल बाँधने लगे। बोले, "सचमुच!

जीवन में इतना शानदार सर्कस मैंने नहीं देखा था। कहने को हो गया कि इतना अच्छा सर्कस हमने जीवन में देखा था।'' बालेश को चुप देखकर उन्होंने पूछा, ''क्यों बालेश, तुम कुछ नहीं बोल रहे हो? तुम्हें सर्कस नहीं अच्छा लगा क्या?'' बालेश ने उत्तर दिया, ''क्यों नहीं अच्छा लगा? इतनी गोरी-गोरी और जोरदार जाँघें थीं कि तबीयत मस्त हो गयी। मज़ा आ गया यार!''

बकवास

प्रो. रमेशचन्द्र बहुत मूडी प्रोफेसर के रूप में विख्यात थे। उस दिन वे घर में बैठकर विश्वविद्यालय की कॉपियाँ जाँच रहे थे। उनके पास बी.ए. में पढ़नेवाली उनकी पुत्री श्रेया भी बैठी हुई थी। वह अपने पिता का मूल्यांकन का तरीका देख रही थी।

प्रो. रमेशचन्द्र ने एक कॉपी उठायी। लिखावट बहुत ही सुंदर थी। लिखावट देखते ही श्रेया बोल पड़ी, ''अरे वाह! क्या शानदार लिखावट है! इसे तो बहुत अच्छे अंक मिलेंगे!'' ''हाँ बेटी इसे बहुत अच्छे अंक मिलेंगे।'' प्रो. रमेशचन्द्र ने बेटी की बात का समर्थन किया। वे कॉपी को पढ़ले लगे। अचानक वे चिल्ला उठे, ''क्या बेसिर-पैर का लिख रखा है। उत्तरों का प्रश्नों से कोई सम्बन्ध ही नहीं है। पता नहीं कहाँ की बकवास लिख रखी है। गधा कहीं का!'' श्रेया बोली, ''मान लीजिए ये किसी लड़की की कॉपी हो तो?'' ''तो गधी कहीं की, और क्या!'' प्रो. रमेशचन्द्र झुँझलाते हुए बोले। ''तब तो जिसकी भी कॉपी होगी,

वो बेचारा फेल हो जायेगा। न पापा?'' श्रेया ने पूछा। ''हाँ बेटी'' प्रोफेसर ने समर्थन किया।

''अरे पापा? आपने तो इसे पासिंग मार्क्स दे दिये? आप तो कह रहे थे कि इसने बकवास लिख रखी है!'' कॉपी जँच जाने के बाद श्रेया आश्चर्यचकित होती हुई बोली।''हाँ बेटी! इसने ऐसी बकवास लिख रखी है कि इसे पास नहीं किया जा सकता। लेकिन चूँकि इसने इतनी खूबसूरत लिखावट में बकवास लिख रखी है, इसलिए मैंने इसे पास कर दिया।'' प्रो. रमेशचन्द्र बोले।

अपना गाँव

अक्षय जी बहुत बड़े अधिकारी थे। उनका रिटायरमेण्ट नज़दीक आ रहा था। उन्होंने तय कर रखा था कि सेवानिवृत्त होने के बाद वे अपने गाँव में जाकर रहेंगे। उन्हें अपने गाँव से बहुत प्यार था। यह भी एक दुर्भाग्य था कि जब से उनकी नौकरी लगी तब से वे कभी अपने गाँव नहीं जा सके थे।

अक्षय जी सेवानिवृत्त हो गये। सेवानिवृत्त हो जाने पर उन्होंने अपने गाँव जाने की सोची। एक बार देखना थां गाँव के घर की इस समय क्या स्थिति है। उसमें इस समय चाचा के लड़के रहते थे। अपने लिए घर में दो-तीन कमरे सुरक्षित करने थे। अपने रहने के लायक बनवाना था उन्हें।

निर्धारित दिन वे अपने गाँव पहुँचे। गाँव के बाहर ही उन्हें एक बूढ़ा सा आदमी दिखा। वे उसे नहीं पहचान पाये। पर उसने उन्हें पहचान लिया, "अरे अक्षय बाबू जय राम जी की। आपने पहचाना नहीं क्या? मैं आपका दोस्त भोला हूँ।" 'भोला?' अक्षय जी को जबर्दस्त आघात लगा। भोला के साथ तो वे पेड़ों पर

चढ़कर खेलते थे। तालाब में तैरते थे। उनके दिमाग में युवा भोला की तस्वीर थी। भोला बूढ़ा हो गया। दिमाग बूढ़े भोला को एकदम स्वीकार नहीं कर पा रहा था, "अरे भोला! तुम इतने बूढ़े हो गये?" भोला हँसने लगा, "अरे साहब, आप भी तो बूढ़े हो चले हैं।" अपने को रोज-रोज शीशे में देखते-देखते अक्षय जी अपने को देखने के अभ्यस्त थे पर दिमाग में गाँव के मित्रों की युवा छवि ही बसी थी।

अक्षय जी घर पहुँचे। गाँव के पुराने मित्र एक-एक करके आने लगे। सबको अधेड़ और बूढ़ा देखकर उन्हें बार-बार आघात लग रहा था। मैकू बोला, "साहब, आपका सबसे अच्छा दोस्त बड़ेलाल बाहर गया हुआ है। परसों आयेगा। उसे मालूम है कि आप गाँव आने वाले हैं।"

बूढ़े बड़ेलाल को देखने की अक्षय जी में हिम्मत नहीं बची थी। अगले दिन वे गाँव से चले गये। उन्होंने गाँव में बसने का इरादा त्याग दिया।

न्याय

उच्च न्यायालय में दोनों पक्षों के वकीलों में जोरदार बहस चल रही थी। दो न्यायाधीशों की पीठ। दोनों न्यायाधीश दोनों वकीलों से बार-बार जिरह कर रहे थे। दोनों वकील अपना पक्ष सही सिद्ध करने पर तुले थे। उच्च न्यायालय के फैसलों के उद्धरण! सर्वोच्च न्यायालय के फैसलों के उद्धरण! बाकी बैठे हुए वकील दिलचस्पी से दोनों वकीलों की बहस सुन रहे थे।

एक पक्ष के वकील को धीरे-धीरे महसूस होने लगा कि उसका पक्ष कमजोर पड़ रहा है। मुकदमा हारने का भय उसे सताने लगा। अचानक वह बोल पड़ा, ''मी लार्ड! मेरा मुवक्किल एक वकील है। यह एक वकील का मामला है। आपको विशेष ध्यान देना चाहिए।'' एक न्यायाधीश महोदय भड़क गये, ''तो क्या हुआ? वकील कानून से ऊपर होते हैं क्या?'' वकील साहब भी भड़क उठे, ''जज बनने के पहले अभी कल तक आप भी वकील थे। जब वकील थे तो आप कितने काबिल थे; सब जानते हैं। जज की कुर्सी पर बैठते ही लगे आदर्श बघारने?''

"क्या बक रहे हैं आप पता है? इसके लिए मैं आपको जेल भेज सकता हूँ।"

"भेज कर देखिए जेल? उच्च न्यायालय के सारे वकील मिलकर पूरे शहर को अस्त-व्यस्त कर डालेंगे।"

दोनों न्यायाधीशों को साँप सूँघ गया। अभी कुछ ही दिन पहले एक न्यायाधीश ने एक वकील पर कठोर टिप्पणी कर दी थी। उच्च न्यायालय के सारे वकीलों ने मिलकर शहर को बंधक बना दिया था। चारों तरफ चक्का जाम, आगजनी और तोड़-फोड़! पुलिस भी वकीलों से पंगा लेने से डरती थी। इतनी-इतनी धाराओं में एफ.आई.आर. और मुकदमा दर्ज हो जाता था कि पूछिए मत। वकीलों पर कठोर कार्रवाई होने पर सरकार भी सक्रिय हो जाती थी। पुलिस वालों की शामत आ जाती थी। इसलिए पुलिस वाले वकीलों से पंगा लेने में कतराते थे।

दोनों न्यायाधीशों ने आगे की तारीख लगाकर मामले को आगे बढ़ने से रोका।

उस दिन उसी कोर्ट में एक ग्रामीण का मुकदमा भी लगा था। वह ग्रामीण अपने मुकदमे की पैरवी में कोर्ट की दर्शक दीर्घा में बैठा था। ज़िन्दगी में पहली बार उच्च न्यायालय में आया था। न्यायालय का ताम-झाम देखकर काफी सहमा हुआ था। उच्च न्यायालय के कायदे-कानूनों की उसे विशेष जानकारी न थी।

अचानक उस ग्रामीण का मोबाइल फोन बज उठा। पुलिस वालों ने तुरंत उसे पकड़ लिया। दोनों न्यायाधीशों की भँवें टेढ़ी हो गयीं। न्यायाधीशों ने उस ग्रामीण का मोबाइल फोन जब्त करते हुए उस पर पाँच हजार रुपये का जुर्माना लगा दिया।

बड़ा आदमी

जून का महीना! गर्मी बहुत तेज थी। रामनरेश, बहादुर, फत्ते और मंगल समय बिताने के लिए अपने गाँव में एक आम के पेड़ के नीचे ताश खेलने लगे। ताश के साथ-साथ दुनिया-जहान की बातें भी होने लगीं।

होते-होते बात 'बड़े आदमी' की तरफ मुड़ गयी। रामनरेश कुछ ज्यादा पढ़ा-लिखा था। बोला, "जानते हो, बम्बई और दिल्ली में जो बड़े आदमी रहते हैं उनके घर की औरतें बहुत शराब और सिगरेट पीती हैं!" "अच्छा?" सबने आश्चर्य प्रकट किया। फत्ते बोला, "तब तो बड़ी मलिच्छिनी होती हैं यार!" "और क्या! ये तो छोटी बात है। ये सब बड़े आदमी साले आपस में एक दूसरे से बीवियाँ बदलकर उनके साथ गलत काम करते हैं।" रामनरेश ने ज्ञान का दूसरा गोला दागा। "सच में?" तीनों एक साथ अविश्वास में चिल्ला पड़े। "तुम लोग अखबार और पत्रिकाएँ नहीं पढ़ते हो न इसलिए तुम लोग नहीं जानते हो। ये बड़े आदमी साले बहुत गन्दे होते हैं।" रामनरेश ने कहा। बहादुर बोला, "यार हम लोग तो सोच भी नहीं सकते कि कोई ऐसा कर सकता है। घोर कलियुग आ गया है।"

ताश के पत्ते फेंके जा रहे थे। बात आगे बढ़ रही थी। रामनरेश ने ज्ञान का तीसरा गोला फेंका, "दिल्ली और बम्बई में बड़े घर की औरतों के पति जब किसी काम से शहर के बाहर चले जाते हैं, औरतें किराये पर आदमी ले आती हैं और उनके साथ गलत काम करती हैं।" "क्या कह रहे हो रामनरेश?" मंगल चीख सा पड़ा। "मैं सच कह रहा हूँ मंगल! किसी दिन तुमको पढ़वा दूँगा किताब में। बड़े घरों के आदमी और औरतें बहुत लम्पट होते हैं। इतना कि तुम सोच भी नहीं सकते।" रामनरेश बड़ी गम्भीरता से अपना ज्ञान बघार रहा था।

ताश के पत्ते! पत्तों पर पत्ते! "एड्स रोग कैसे फैला जानते हो?" रामनरेश ने पूछा। कोई नहीं बता पाया। पर्याप्त रहस्य उत्पन्न कर लेने के बाद रामनरेश बताने लगा, "ये जो बड़े घर की औरतें होती हैं न, कुत्ते पालती हैं। कुत्तों को अपने साथ गलत काम करने की ट्रेनिंग देती हैं। फिर अपने पति के ऑफिस चले जाने के बाद अपने कुत्ते से गलत काम करवाती हैं। कुत्तों के साथ गलत काम करने से एड्स फैल गया।" "बाप रे!" बहादुर, फत्ते और मंगल ने एक साथ अपना सर पकड़ लिया।

"अच्छा है यार हम लोग गाँव के साधारण आदमी हैं। बड़े आदमी नहीं हैं।" फत्ते ने राहत की साँस लेते हुए कहा। बहादुर ने भी समर्थन किया, "हाँ यार, अच्छा है हम बड़े आदमी नहीं हैं।" चारों ने ताश खेलना बन्द कर दिया और इस बात पर खुश होने लगे कि वे बड़े आदमी नहीं हैं।

पार्टी

शाम चार बजे से थी पार्टी। पार्टी एकदम गोपनीय थी। बस, कुछ चुनिन्दा लोग ही आमंत्रित थे उसमें। जज साहब भी उसमें आमंत्रित थे। यों कहें कि पार्टी जज साहब के ही सम्मान में आयोजित थी। आयोजक थे एक प्रसिद्ध उद्योगपति। उद्योगपति का एक बहुत ही महत्त्वपूर्ण मुकदमा जज साहब की कोर्ट मे होना था। पार्टी में सुरा-सुन्दरी का भरपूर प्रबन्ध था।

उस दिन अदालत के कामकाज में जज साहब का मन नहीं लग रहा था। वे जल्दी से जल्दी सारे मुकदमे निबटा देना चाह रहे थे। वकीलों के मुँह से बस वे एक-दो वाक्य सुन रहे थे। उसके बाद मुकदमा खारिज करके फाइलें फेंकते जा रहे थे।

गाँव से मुरारी भी कोर्ट में आया था। उसका भी मुकदमा उन्हीं जज साहब की कोर्ट में था। आज ही। उसके पास कुल जमा चार बीघे जमीन थी। गाँव के दबंगों ने फर्जी कागजात बनवाकर उसकी सारी जमीन हड़प ली थी। नीचे की अदालत से गुज़रते हुए मुकदमा यहाँ तक आ गया था।

मुरारी के मुकदमे का नम्बर आया। जज साहब ने मुरारी के वकील का एक-दो वाक्य सुना। उन्होंने मुरारी के दावे को खारिज करते हुए फाइल पेशकार के पास फेंक दी। मुरारी उस बड़े से न्यायालय भवन के बाहर आया और जहाँ 'सत्यमेव जयते' लिखा था, वहीं बैठकर अपना सिर पकड़कर फूट-फूटकर रोने लगा। वह बर्बाद हो चुका था।

जज साहब ने खारिज करते-फेंकते हुए सारे मुकदमे निबटा डाले। अपना सारा काम-धाम समाप्त करके जज साहब तीन बजे ही न्यायालय से चल दिये। घर नहीं, जहाँ गुप्त पार्टी होनी थी। उन्होंने ड्राइवर और अर्दली को न्यायालय में ही छोड़कर उन्हें घर पहुँचने को कहा।

गाड़ी खुद चलाते हुए जज साहब सरपट भागे जा रहे थे। एक अन्धे मोड़ पर उन्होंने कार को तेजी से मोड़ा। सामने से एक ट्रक आ रहा था। कार जाकर जोर से ट्रक से टकरायी। जज साहब का शरीर पिचनी होकर कार में चिपक गया। उनके प्राण-पखेरू उड़ गये। पार्टी में शामिल होने के बजाय वे दुनिया की सबसे बड़ी अदालम में पेश होने के लिए चल दिये।

योग्यता

राम सजीवन के ऊपर गाँव के ही हरखू ने मुकदमा कर दिया। मामला दो बिस्वे जमीन का था। जमीन पर बीस साल से राम सजीवन काबिज थे, जबकि कागज में वह जमीन हरखू के नाम थी।

राम सजीवन ने इसके पहले कोई मुकदमा नहीं लड़ा था। उनकी समझ में नहीं आया कि वे किसे अपना वकील बनायें। इस बारे में सलाह लेने के लिए वे गाँव के ही एक छुटभैये वकील लालचन्द्र के पास पहुँचे।

दुआ-सलाम के बाद राम सजीवन ने लालचन्द्र से कहा, ''भैया लालचन्द्र! आप को तो पता ही होगा कि हरखू ने मेरे ऊपर मुकदमा कर दिया। मैं कोरट-कचहरी के बारे में ज्यादा नहीं जानता। मेरे लिए एक वकील करवा दो। वकील ऐसा हो जो मुकदमा मुझे हर हाल में जिता दे। पैसा कुछ भी लगे। यह मेरी इज़्ज़त का सवाल है।'' लालचन्द्र ने उत्तर दिया, ''देखो भाई राम सजीवन! वैसे तो बहुत वकील हैं, लेकिन तुम्हारे मुकदमे को देखते हुए दो नाम मेरी समझ में आ रहे हैं।

एक वकील हैं—अच्युतानन्द। बहुत ही काबिल वकील हैं। इतना अच्छा मुकदमा लिखवाते हैं और इतनी अच्छी बहस करते हैं कि क्या कहने! कोई भी जज उनकी योग्यता से प्रभावित हुए बिना नहीं रह पाता।...दूसरे वकील हैं—बलवन्त। बहुत ही दबंग वकील हैं। बढ़िया मुकदमा लिखवाना और बढ़िया बहस करना उनकी योग्यता नहीं है। उनकी विशेषता है कि पूरी दबंगई से वे जज की कलम पकड़कर फैसला अपने पक्ष में लिखवा लेते हैं।...अब तुम्हीं बताओ! इन दोनों में से तुम किसे अपना वकील बनाना पसन्द करोगे?''

''बस बस...ये दूसरे वाले वकील साहब...क्या नाम बताया आपने...हाँ, बलवन्त...यही ठीक रहेंगे। मुझे ऐसा ही वकील चाहिए। आप इन्हीं से मेरी बात करा दीजिए।'' राम सजीवन ने कहा। उन्हें काफी आश्वस्ति महसूस हो रही थी।

मालिश

सरला एक बड़े पुलिस अधिकारी की पत्नी थीं। मायका उनका बहुत ही साधारण था। पति अनिल का परिवार भी बहुत साधारण था। दरअसल जब अनिल और सरला की शादी हुई थी, अनिल की नौकरी नहीं लगी थी। अनिल की नौकरी लग जाने के बाद धीरे-धीरे सरला के ठाठ महारानियों वाले हो गये।

इस समय सरला छियालीस साल की हो गयी थीं। मायके आयी हुई थीं। बड़ी आवभगत हो रही थी। मायके आने के पीछे उनका प्रयोजन था। उनकी नौकरानी काम छोड़कर चली गयी थी। उन्हें एक ऐसी लड़की की तलाश थी जो चौबीसों घंटे उनके घर रहे और उनके घर का सारा काम करे।

पता करते-करते उन्हें गाँव की सोलह साल की एक ऐसी लड़की के बारे में पता चला जिसके माँ-बाप मर गये थे। लड़की इस समय गाँव में अपनी बूढ़ी दादी के साथ रहती थी। सरला ने उस लड़की की दादी को बुलवाया।

सरला की बात सुनकर लड़की की दादी सरला का पैर पकड़कर रोने लगी, "मालकिन मेरे धन्य भाग जो आप मेरी नातिन को अपने साथ ले जाना चाह रही हैं।

उसकी तो किस्मत खुल जायेगी।...चीथड़ों में लिपटी, आधा पेट भोजन करती यहाँ मेरे साथ पड़ी हुई है। कहीं खोजकर उसकी शादी कर दीजिएगा। उसका दूल्हा और वह दोनों आपके परिवार की सेवा करेंगे।'' ''हाँ-हाँ! तुम चिन्ता मत करो। मैं उसकी शादी करवा दूँगी।'' सरला ने आश्वासन दिया। उन्हें उसकी शादी-वादी से कुछ लेना-देना नहीं था। बस, वे तो किसी तरह बहला-फुसला कर उसे अपने साथ ले जाना चाहती थीं। उन्होंने लड़की को बुलवाया। लड़की आयी। नाम था चम्पा। सरला ने उसे ऊपर से नीचे तक देखा। लड़की बहुत सुन्दर और मजबूत थी। सरला ने समझ लिया कि यह भरपूर काम-धाम करेगी।

चम्पा सरला के साथ चली आयी। उनके घर का सारा काम-धाम करने लगी। साथ में उससे अपने शरीर की मालिश भी करवातीं।

एक दिन अनिल की निगाह चम्पा पर पड़ गयी। उन्होंने ऊपर से नीचे तक उसे देखा। उनकी आँखों में चमक आ गयी। उन्होंने चम्पा के के बारे में अपनी पत्नी से दरियाफ्त की। सरला अपनी बहादुरी बताने लगीं, ''अपने मायके से लायी हूँ। केवल खाने और कपड़े पर घर का सारा काम कर रही है। रोज मेरी मालिश भी करती है।'' अनिल ने शाबासी में अपनी पत्नी की पीठ थपथपायी।

एक दिन सरला पड़ोस से घूमकर घर में घुसीं तो उनके पैरों तले से जमीन खिसक गयी। अनिल और चम्पा उनके बिस्तर पर आपत्तिजनक अवस्था में पड़े थे। वे अनिल को फटकारने लगीं। अनिल ने उन्हें बुरी तरीके से डाँट दिया, ''इस घर में रह सको तो रहो, अन्यथा मायके चली जाओ। चम्पा को भगाने की कोशिश मत करना। यह अब इसी घर में रहेगी।'' सरला की आँखों के सामने ही वे चम्पा के साथ रँगरेलियाँ मनाते रहे।

धीरे-धीरे चम्पा घर की मालकिन की तरह रहने लगी और सरला घर का सारा काम करने लगी थीं। अब चम्पा सरला से अपने शरीर की मालिश करवाती थी।

डॉक्टर साहब

गाँव में अवधेश का बेटा त्रिभुवन एम.ए., पी.एच.डी. करके एक कॉलेज में प्रोफेसर हो गया। गाँव के लोग उसे डॉक्टर साहब-डॉक्टर साहब कहकर बुलाने लगे। जब कोई अवधेश के सामने त्रिभुवन को डॉक्टर साहब कहता, अवधेश का सीना गज भर चौड़ा हो जाता। अवधेश से सटा हुआ घर सुरेश का था। पड़ोस की झार सहन नहीं होती। जब कोई त्रिभुवन को डॉक्टर साहब कहता तो उन्हें लगता जैसे उनके कान में पिघला हुआ शीशा चल गया हो।

सुरेश का बेटा था सुभाष। सुभाष ने भी एम.ए. किया था। पर वह आगे कुछ नहीं कर पाया। वहीं गाँव में ही रहकर वह सुरेश के साथ खेती के काम में हाथ बँटाता। सुरेश अब उसे अक्सर धिक्कारने लगे, "देख! त्रिभुवन को सारा गाँव डॉक्टर साहब कहता है। एक तू है...निकम्मा...किसी काम का नहीं निकला।"

पिता की बात सुन-सुनकर सुभाष आज़िज़ आ गया। उसने तय कर लिया कि वह भी डॉक्टर बनेगा। वह शहर से होम्योपैथी की कई किताबें और बहुत सी दवाइयाँ लाया। किताबें पढ़-पढ़कर वह लोगों का होम्योपैथिक इलाज करने लगा।

कुछ महीने उसने मुफ्त में दवा दी। मामला चल निकला। अब वह फीस लेने लगा। दवा देने के लिए एक सहायक रख लिया। गाँव और आस-पास के गाँवों में लोग उसे होम्योपैथी के डॉक्टर के रूप में जानने लगे और उससे इलाज कराने लगे। अब उसे भी लोग डॉक्टर साहब कहने लगे। लोगों के मुँह से सुभाष के लिए डॉक्टर साहब सुनकर अब सुरेश का सीना भी गज भर चौड़ा हो जाता था।

पढ़ाई

वे विश्वविद्यालय में प्रोफेसर थे। नाम था—प्रो. योगेश। प्रो. योगेश क्लास लेना अपनी शान के खिलाफ समझते थे। महीने में चार-छः क्लास! बस! उनके हिसाब से विश्वविद्यालय पर एहसान करने के लिए इतना बहुत था।

उस दिन वे विभाग में आये थे। लड़के-लड़कियों ने सोचा कि सर आज आये हैं। मतलब पढ़ायेंगे। उनके क्लास का समय हुआ। विभाग में बैठे गपियाते रहे। क्लास में नहीं आये। क्लास का समय समाप्त हो गया। क्लास में वे नहीं ही आये। एक लड़का गुस्से में बोला, "पता नहीं ऐसे लोगों को कौन अध्यापक बना देता है। खींचकर तड़ातड़ चार डंडा मारना हो...।"

प्रो. योगेश घर पहुँचे। बेटा एक प्रतिष्ठित स्कूल में नौंवी कक्षा में पढ़ता था। वे लगे उससे साइंस के बारे में पूछने। वह ठीक से बता नहीं पा रहा था। वे उखड़ गये, "तुम्हारी साइंस इतनी कमजोर क्यों है?" "क्या करूँ पापा? स्कूल में साइंस वाले सर कुछ पढ़ाते ही नहीं। क्लास में आते हैं। दुनिया भर की इधर-उधर की

बातें बताते हैं, लेकिन विषय के बारे में ठीक से कुछ नहीं बताते इसीलिए ज्यादातर बच्चे साइंस की कोचिंग पढ़ते हैं।'' बेटे ने बताया।

प्रो. योगेश का पारा सातवें आसमान पर पहुँच गया, ''ऐसी बात है? मैं तुम्हारे स्कूल जाकर तुम्हारे प्रिंसिपल से बात करूँगा। ऐसे पढ़ाया जाता है? पता नहीं ऐसे लोगों को कौन अध्यापक बना देता है। खींचकर तड़ातड़ चार डंडा मारना हो...।''

उद्योगपति

पवन एक पुलिस इंस्पेक्टर की इकलौती संतान था। इंस्पेक्टर साहब की जिस भी थाने पर तैनाती रहती पूरा थाना पवन के नखरे उठाता था। जिसको मन होता, दो थप्पड़ जमा देता। जिस होटल में मन होता, खाना खा लेता। जो जी में आता, करता। पढ़ने-लिखने में उसका बिलकुल मन नहीं लगता था।

इंस्पेक्टर साहब ने पवन की शादी कर दी। कुछ दिन में बीवी से रोज झिक-झिक होने लगी। आखिर दौड़-धूप करके और खर्च-बर्च करके इंस्पेक्टर साहब ने एक महाविद्यालय में उसकी क्लर्क की नौकरी लगवा दी।

पवन पर एक साथ दो वज्रपात। बाप रिटायर हो गये और क्लर्की की नौकरी शुरू हो गयी। कहाँ पूरा थाना पीछे-पीछे दुम हिलाता था, कहाँ महाविद्यालय में कोई घास नहीं डालता था। पवन को बड़ा नागवार लगता था।

बापजान ने बहुत कमा कर रख दिया था। पवन ने एक कार खरीदी और एक रिवाल्वर लाइसेंस कराया। अब वह रिवाल्वर लेकर कार से महाविद्यालय जाने लगा। जो भी अध्यापक या छात्र प्राचार्य से जबान लड़ाने की कोशिश करता, उससे वह

भिड़ जाता। धीरे-धीरे पूरे महाविद्यालय में वह प्राचार्य का सबसे चहेता बन गया। अब वह महाविद्यालय के अध्यापकों को अपमानित करने लगा—"कहो मास्टर! कैसे देर हो गयी? स्कूटर पंचर हो गयी थी क्या?" "मास्टर साहब! बच्चों को कुछ पढ़ा-लिखा भी दिया करिए। बच्चे बहुत शिकायत करते हैं!" "क्यों मास्टर? बीवी से मार खाकर आ रहे हैं क्या? शर्ट पर लात के निशान हैं!"

अध्यापक तिलमिलाकर रह जाते। कोई कुछ बोल नहीं पाता था। एक तो वह बदतमीज था, दूसरे प्राचार्य का चहेता था।

पवन ने पड़ोस के जिले में दो विक्रम चलवा दिये। एक सब्जी की बड़ी दुकान खुलवा दी। एक फल की बड़ी दुकान खुलवा दी। एक दवा की दुकान खुलवा दी। अब अध्यापकों से बातचीत में उसका प्रिय तकियाकलाम हो गया, "मुझे मास्टर समझ रखा है क्या? मैं तो उद्योगपति हूँ।" किसी को वह यह नहीं बताता था कि उसका किस चीज का उद्योग है।

महाविद्यालय में एक नये अध्यापक आये—डॉ. अभय। डॉ. अभय बहुत प्रभावशाली परिवार के थे। शरीफ़ों के लिए वे बहुत शरीफ़ थे लेकिन दुष्टों के लिए महादुष्ट। उन्होंने जब कार्यभार ग्रहण किया, उस समय प्राचार्य ने सारे अध्यापकों की मीटिंग बुलायी हुई थी। प्राचार्य ने डॉ. अभय से राष्ट्रीय सेवा योजना का कार्यक्रम अधिकारी बनने को कहा। पवन भी वहीं बैठा था। सारे अध्यापकों को सुनाते हुए वह जोर-जोर से बोला, "मास्टर साहब राष्ट्रीय सेवा योजना मत लीजियेगा। लड़के सर पर इतने जूते मारेंगे कि सर के सारे बाल झड़ जायेंगे।" डॉ. अभय को उसकी बात बहुत नागवार गुजरी। वे कसमसा कर रह गये। कुछ बोले नहीं।

बाद में अध्यापकों ने डॉ. अभय को पवन के बारे में विस्तार से बताया।

डॉ. अभय ने अपने स्त्रोतों से पवन के बारे में सारी जानकारी इकट्ठा की।

एक दिन डॉ. अभय स्टाफ-रूम में अध्यापकों के साथ गपशप कर रहे थे। तब तक पवन भी वहाँ आ गया। डॉ. अभय ने अध्यापकों से कहा, "मैं एक कार खरीदने की सोच रहा हूँ।" पवन बोला, "मास्टर साहब, मेरी नकल मत करिए। मैं मास्टर नहीं हूँ। मैं उद्योगपति हूँ।" डॉ. अभय बोले, "मैं भले ही एक साधारण मास्टर हूँ, लेकिन सब्जी और फल का ठेला नहीं लगाता।" इसके साथ ही उन्होंने पवन को चार-छः झापड़ रसीद कर दिये। अध्यापकों को अपना तारणहार मिल गया था।

बिकाऊ

दो मित्रों में बहस छिड़ी थी। पहला अड़ा था कि इस संसार में हर आदमी पैसे से खरीदा जा सकता है। दूसरा इस बात को मानने के लिए तैयार नहीं था। उसका कहना था कि थोड़े से लोग नहीं, संसार में बहुत सारे ऐसे लोग हैं, जिन्हें पैसे से नहीं खरीदा जा सकता। बहस लम्बी खिंच रही थी। ऐसा लग रहा था कि दोनों जो सोच रहे हैं, दुनिया का अन्तिम सत्य मान रहे हैं। आवाज़ों में तल्खी आने लगी थी।

अचानक एक विद्वान व्यक्ति वहाँ पहुँच गया। थोड़ी देर तक दोनों की बहस सुनता रहा। फिर धीरे से बोला, ''अगर आप लोग अन्यथा न ले तों मैं भी कुछ कहना चाहूँगा।'' दोनों ने उसे अपनी बात कहने की इजाजत दे दी। विद्वान व्यक्ति पहले मित्र को सम्बोधित करके बोला, ''भाई साहब! आप जो बात कह रहे हैं, उसे किसी भी बुद्धिमान व्यक्ति के सामने मत कहियेगा। आप की बात और तर्कों से यह नहीं सिद्ध हो रहा है कि दुनिया के हर आदमी को पैसे से खरीदा जा सकता है, बल्कि आप की बात से यह सिद्ध हो रहा है कि आप पैसे के लिए बिक सकते हैं। मेरी बात को समझने की कोशिश करिए।''

कुकुर-छिनारा

"साहब, टी.वी. में कुकुर-छिनारा नाटक लगावैं।" हीरा अनुज से बोला। "क्या? ये कुकुर-छिनारा क्या होता है?" अनुज ने झल्ला कर पूछा। "अरे साहब आप कुकुर-छिनारा ही नहीं जानते?" कहकर हीरा हो-हो करके हँसने लगा।

अनुज चौबीस वर्षीय अविवाहित अधिकारी थे। शहर में तीन कमरे का एक फ्लैट किराये पर लेकर रहते थे। हीरा उनका मुँहलगा नौकर था। हम उम्र था। खाना बनाने से लेकर घर का सारा कामकाज वही देखता था। रात में साहब के साथ दो घंटे टी.वी. भी देखता था।

"साहब कार्तिक के महीने में आप किसी भी गाँव में जाइये तो आपको कुकुर-छिनारा दिख जाएगा। कहीं पर एक कुतिया खड़ी रहेगी। उसके आस-पास चार-छः कुत्ते खड़े रहेंगे। कुत्ते आपस में एक दूसरे पर गुर्राते रहेंगे और कुतिया पर चढ़ने की कोशिश भी करते रहेंगे। थोड़ी देर में कुतिया चल देती है। सारे कुत्ते भी उसके पीछे-पीछे चल देते हैं। कुछ दूर जाकर कुतिया फिर रुक जाती है। कुत्ते भी रुक

जाते हैं। कुत्ते फिर एक दूसरे पर गुर्राने और कुतिया पर चढ़ने की कोशिश करने लगते हैं। कुतिया यह सब देख-देखकर आनन्दित होती रहती है। महीने-डेढ़ महीने गाँव में कुकुर-छिनारा ही दिखायी देता है।''

''अच्छा! तो यह है कुकुर-छिनारा! लेकिन ऐसा कोई सीरियल टी.वी. में तो नहीं आता।''

''आता तो है साहब। कितना मज़ा आता है। कभी-कभी आप भी तो देखते हैं। नटकवा का बहुत अच्छा नाम है।...अरे हाँ! 'हीरोइन का स्वयंवर'।''

अपनत्व

"वर्मा जी, डॉ. विनय आपकी बहुत आलोचना कर रहे थे।" डॉ. अशोक बोले। "क्यों?" वर्मा जी ने पूछा। डॉ. अशोक बताने लगे, "डॉ. विनय कह रहे थे कि विश्वविद्यालय की कॉपियाँ जाँचते समय आप बहुत अधिक अंक देते हैं। इससे विश्वविद्यालय की गरिमा नष्ट होती है।"

"ऐसा है डॉ. अशोक, आप को अगर किसी से बहुत अपनत्व और लगाव होता है, तो आप को उसकी हर बातें, हर चीज अच्छी लगती है। अगर वह आप के हाथ पर थूक दे तो आप कहेंगे कि अरे वाह, क्या कलात्मक ढंग से थूका है। ऐसा लग रहा है, जैसे थूक से आस्ट्रेलिया का नक्शा बन गया हो। इसके उलट यदि आप को किसी से अत्यधिक जलन और चिढ़ हो तो उसकी निश्छल मुस्कान भी आपके कलेजे में भाले की तरह घुस जाती है। वह अगर आपके हाथ पर थूक दे तो हो सकता है कि आप उसे गोली भी मार दें। इसलिए मुझे डॉ. विनय की आलोचना की परवाह नहीं है। मैं अगर लड़कों को कम अंक दूँगा तब भी डॉ. विनय मेरी आलोचना करेंगे। उनके हिसाब से तब भी विश्वविद्यालय की गरिमा नष्ट होगी। इसलिए आप डॉ. विनय की बात सुनिए और मस्त रहिए।" वर्मा जी ने समझाया।

खून

ट्यूबवेल चलने जा रहा था। कई लोग खड़े थे। जय सिंह भी अपने दो आदमियों के साथ खड़े थे। जय सिंह ने अपने आदमियों से कहा, ''पहले मेरे खेतों में पानी लगा देना। मेरे सारे खेत सिंच जाएँ तो जिसकी मर्जी होगी, पानी अपने खेत में लगा लेगा। मैं जा रहा हूँ। तुम लोग सारे खेत सींच कर तब आना।''
''ठाकुर आप हमेशा सबसे पहले अपने खेत सींचते हैं। आपके खेत बहुत ज्यादा हैं। बहुत समय लगता है। मेरा खेत केवल दस बिस्वा है। आज मेरे खेत में पानी पहले लगेगा।'' यह छमिया का अठारह वर्षीय बेटा बब्बू था।

सब लोग अवाक् होकर बब्बू का चेहरा देखने लगे। लोगों की याददाश्त में पहली बार गाँव में किसी ने ठाकुर से जबान लड़ाने की हिम्मत की थी।

''तू किससे बात कर रहा है, पता है?'' जय सिंह ने गरज कर कहा। ''हाँ, ठाकुर जय सिंह से!'' बब्बू ने निर्भीक होकर उत्तर दिया। जय सिंह ने कंधे से राइफल उतारी। नाल बब्बू के सीने पर सटा दी, ''तेरी इतनी हिम्मत? ले तुझे अभी यमराज के पास भेज रहा हूँ।'' बब्बू ने झटककर जय सिंह से राइफल छीन ली और नाल उनके सीने पर सटा दी।

छमिया को जय सिंह और बब्बू के झगड़े का पता चल चुका था। वह गाँव की एक विधवा औरत थी। वह बदहवास होकर भागती चली आ रही थी। उसने देखा कि बब्बू ने जय सिंह के सीने से राइफल की नाल सटा रखी है। उसने चिल्लाते हुए बब्बू के हाथ से राइफल छीन ली और उसे तड़ातड़ चार झापड़ मारा। छमिया ने रोते हुए जय सिंह के पैर पकड़ लिये, "ठाकुर, इसमें बब्बू की कोई गलती नहीं है। वह आपका ही खून है। आखिर बाप से बेटा उन्नीस तो होगा नहीं?"

गोपनीय आख्या

डॉ. वीरभद्र राजकीय महाविद्यालय के प्राचार्य थे। उस समय वे अपनी घूमने वाली कुर्सी पर बैठकर इधर से उधर नाच रहे थे। तभी वहाँ पर डॉ. वीरेन्द्र आ गये। प्राचार्य को प्रणाम करके डॉ. वीरेन्द्र वहीं बैठ गये। "आइए वीरेन्द्र जी। बड़े समय से आये।" "क्या हुआ सर? मेरे लिए कोई आदेश?" डॉ. वीरेन्द्र ने पूछा। "नहीं, कोई आदेश नहीं है। मैं आपकी साल भर की गोपनीय आख्या लिखने जा रहा हूँ। मैं आपसे पाँच सवाल पूछूँगा। आपकी गोपनीय आख्या इस पर निर्भर करेगी कि आप उन प्रश्नों का कैसा उत्तर देते हैं।" डॉ. वीरभद्र बोले। डॉ. वीरेन्द्र ने उत्सुकता से कहा, "पूछिए सर!"

"क्या भारत की राजधानी कोलंबो है?"

"हाँ सर!"

"क्या भारत कुछ दिन में चीन पर कब्जा कर लेगा?"

"हाँ सर!"

"क्या कुछ दिन बाद समुद्र के बीचों-बीच आम के पेड़ उग आयेंगे?"

“हाँ सर!”

“क्या एक दिन मैं अमेरिका का राष्ट्रपति बन जाऊँगा?”

“हाँ सर!”

“क्या इस समय मैं विश्व का सर्वश्रेष्ठ प्राचार्य हूँ?”

“हाँ सर!”

प्राचार्य डॉ. वीरभद्र ने डॉ. वीरेन्द्र की वार्षिक गोपनीय आख्या में लिखा ‘अति उत्कृष्ट’।

सामंतवादी ताकतें

सीतेश जी देश के बहुत बड़े उद्योगपति थे। उनके पास चार निजी हेलीकॉप्टर थे। भिन्न-भिन्न देशों की बीसियों कारें थीं। छोटे-मोटे शहर के बराबर अपना निजी घर था। नौकर-चाकरों की पूरी फौज थी। वे जब घर से निकलने लगते तो एक नौकर उन्हें कपड़े पहनाता था, एक टाई लगाता था, एक जूते-मोजे पहनाता था। देश के छोटे-मोटे मंत्रियों को उनसे मिलने के लिए समय नहीं दिया जाता था। प्रधानमंत्री, बहुत बड़े मंत्री या देश की बहुत आला हस्तियाँ ही उनसे मिल पाती थीं।

एक बार सीतेश जी के सिर पर ग़रीबों की मदद करने का भूत सवार हुआ। उन्होंने अपने कर्मचारियों को अपनी इच्छा बतायी। आनन-फानन में ग़रीबों की मदद की तैयारी शुरू हो गयी।

उनकी कम्पनी के अधिकारियों ने दूर के प्रदेश का एक ग़रीब गाँव चुना। सोचा गया कि साहब से यहीं सेवा करा दी जाय। काफी ग़रीब गाँव है। देश-विदेश के मीडिया में खूब चर्चा होगी कि साहब ने ग़रीबों की सेवा की।

सारी तैयारियाँ पूरी हो गयीं। सीतेश जी निर्धारित दिन हेलीकॉप्टर से शहर में उतरे। वहाँ से कारों का काफिला गाँव की ओर चल दिया। गाँव ग़रीब ठाकुरों का था। वे मेहनत-मजदूरी करके अपना पेट पालते थे।

सीतेश जी गाँव में पहुँचे। उनके अधिकारियों ने पूरी व्यवस्था कर रखी थी। गाँव वालों ने उनका खूब स्वागत-सत्कार किया। स्वागत-सत्कार के बाद वे गाँव वालों से उनका नाम और हालचाल पूछने लगे।

सभी नामों के साथ 'सिंह' सुन-सुनकर उन्हें कुछ खटका हुआ। उन्होंने सबकी जाति पूछनी शुरू कर दी। पता चला—सब ठाकुर हैं।

सीतेश जी अपने कर्मचारियों पर भड़क गये, "आप लोगों में जरा भी अकल है? आप लोग मुझे सामंतवादी ताकतों के गाँव में लाये हैं। मीडिया में क्या संदेश जायेगा? लोगों में क्या संदेश जायेगा? अभी, तुरंत यहाँ से चलिए। किसी और गाँव में चलते हैं...।"

गुटबाजी

महाविद्यालय में अध्यापकों के दो गुट थे। एक दास साहब का गुट था, दूसरा शुक्ला जी का गुट था। दोनों गुटों में जबर्दस्त खींचतान चलती रहती थी। दोनों गुट एक दूसरे को नीचा दिखाने का कोई मौका नहीं छोड़ते थे। प्राचार्य अपनी सुविधा से दोनों गुटों की सवारी करते थे। जब दास गुट से काम पड़ता तो दास गुट के सगे हो जाते थे। जब शुक्ला गुट उन्हें काम का लगता तो शुक्ला गुट उनकी आँखों का तारा बन जाता था।

महाविद्यालय में एक नये अध्यापक की नियुक्ति हुई। नाम था—डॉ. शैलेन्द्र। दास गुट के प्रमुख दास और शुक्ला गुट के प्रमुख शुक्ला, दोनों उन्हें अपने-अपने गुट में खींचने के लिए जी-जान से लग गये। पीछे चलनेवालों की संख्या में एक और की बढ़ोत्तरी! सपना सुहावना था।

डॉ. शैलेन्द्र बहुत योग्य और प्रभावशाली व्यक्ति थे। उन्होंने महाविद्यालय की गुटबाजी से दूर रहते हुए दास और शुक्ला दोनों को कोई महत्त्व नहीं दिया।

योग्यता और प्रभाव दोनों होने के कारण धीरे-धीरे डॉ. शैलेन्द्र का नाम चारों ओर फैलने लगा। दास और शुक्ला के बजाय लोग महाविद्यालय को डॉ. शैलेन्द्र के लिए ज्यादा जानने लगे। डॉ. शैलेन्द्र धीरे-धीरे इतने प्रभावी होने लगे कि दास और शुक्ला दोनों आतंकित हो उठे। नौबत यह आ गयी कि शैलेन्द्र से भिड़ने के लिए दास और शुक्ला दोनों ने हाथ मिला लिया।

महाविद्यालय में अब भिन्न प्रकार के दो गुट हो गये। एक तरफ दास-शुक्ला गुट था ओर एक तरफ डॉ. शैलेन्द्र अकेले थे।

कोई कहानी

अश्वनी एक महाविद्यालय में प्रवक्ता हो गया। माँ-बाव की तपस्या सार्थक हो गयी। इस बात की सबको उम्मीद थी कि अश्वनी कोई अच्छी नौकरी पा जायेगा। उसने अपनी सभी परीक्षाएँ प्रथम श्रेणी में उत्तीर्ण की थीं। एम.ए. में उसने स्वर्ण-पदक प्राप्त किया था। उसने यू.जी.सी. की जे.आर.एफ. और नेट परीक्षा उत्तीर्ण करके पीएच.डी. की थी।

अश्वनी अपने सारे परिचितों, रिश्तेदारों और अड़ोस-पड़ोस में अपने व्यवहार के कारण बहुत लोकप्रिय था। बड़ों का सम्मान करना, सबसे प्रेम से बोलना, हमेशा दूसरों की सहायता के लिए तैयार रहना, किसी की बहू-बेटी पर बुरी न.जर न डालना आदि उसके ऐसे गुण थे, जिनके कारण उसे समाज में एक विशेष स्थान प्राप्त था। उसकी एक विशेष आदत थी। वह किसी लड़की से बात ही नहीं करता था। इसके कारण वह किसी के भी घर में बेरोक-टोक आ-जा सकता था।

एक दिन अखबार में अश्वनी की फोटो के साथ एक ऐसा समाचार छपा कि उसके जाननेवाले स्तब्ध रह गये। समाचार का शीर्षक था—'लड़कियों के साथ

छेड़खानी करने पर महाविद्यालय प्रवक्ता की पिटाई'। अश्वनी ऐसी हरकत कर सकता है? किसी को विश्वास नहीं हो रहा था।

कुछ दिन बाद उसका एक मित्र राजेश उससे मिला। उस घटना के बारे में पूछने लगा। राजेश को विश्वास था कि अश्वनी उस घटना को गलत ठहरायेगा। लेकिन ऐसा कुछ भी नहीं हुआ। अश्वनी ने स्वीकार किया कि उसने वह सब किया था। "तुमने ऐसा किया? क्यों? हम तो सोच भी नहीं सकते!" राजेश ने अविश्वास से कहा। अश्वनी बोला, "यार, इधर कई महीनों से एक फिल्म की एक पंक्ति मुझे बहुत उद्वेलित कर रही थी—वो जवानी जवानी नहीं, जिसकी कोई कहानी न हो। मैं समझता हूँ कि फिल्म की यह पंक्ति बहुत सारे लड़कों और लड़कियों को चौपट करती है।...उस दिन मैं सड़क पर पैदल जा रहा था। मेरे आगे पाँच लड़कियाँ चल रही थीं। इसी लाइन के नशे में मैं उन पर फब्तियाँ कसने लगा। मैंने सोचा कि उन्हें अच्छा लग रहा होगा लेकिन उल्टा हुआ। वे पकड़कर मुझे पीटने लगीं। बहुत सारे लोग जुट गये। पुलिसवाले आ गये। पत्रकार भी आ गये। बड़ी मुश्किल से पुलिसवालों को पैसे खिलाकर थाने से छूटा। मेरी जवानी की जो कहानी बनी कि मैं लोगों को मुँह दिखाने लायक नहीं बचा।" राजेश अपना सर थामकर वहीं बैठ गया।

राष्ट्रीय सेमिनार

डॉ. अक्षय महाविद्यालय में तीन साल से प्राध्यापक थे। पिछले साल महाविद्यालय में एक राष्ट्रीय सेमिनार हुआ था, दो दिन का। डॉ. अक्षय को सेमिनार में बहुत मज़ा आया था। दो दिनों तक महाविद्यालय में उत्सव का-सा माहौल था। नाश्ता-पानी, भोजन—सब बढ़िया था। बाहर से भी कई लोग सेमिनार में भाग लेने आये थे। जिसको पर्चा पढ़ना रहता, वो अपना पर्चा पढ़ता। आठ-दस लोग श्रोता के रूप में भी बैठे रहते। बाकी लोग सेमिनार हाल के बाहर गप्पें लड़ाते-हँसी मज़ाक करते सेमिनार का लुत्फ उठा रहे थे।

डॉ. अक्षय को पता चला कि इस साल भी महाविद्यालय में राष्ट्रीय सेमिनार होने वाला है। यह भी पता चला के पिछले साल तो सेमिनार के लिए एक लाख रुपये ही आये थे। इस साल तीन लाख रुपये आये हैं। डॉ. अक्षय बहुत प्रसन्न हुए। उन्हें लगा कि इस साल तो और मज़ा आयेगा। खाने-पीने की और अच्छी व्यवस्था रहेगी। खूब उत्सव जैसा माहौल रहेगा। महाविद्यालय में यह भी चर्चा चल

रही थी कि उद्घाटन और समापन पर गाना गाने के लिए आर्केस्ट्रा की लड़कियों को बुलाया जाय।

राष्ट्रीय सेमिनार शुरू हो गया। वही चहल-पहल! वही उत्सव जैसा माहौल! डॉ. अक्षय को बहुत मज़ा आ रहा था। हॉल में एक तथाकथित विद्वान बेवकूफ की तरह पर्चा पढ़ता रहता था। श्रोता के नाम पर आठ-दस बाहरी लोग बैठे ऊँघ रहे होते थे। महाविद्यालय के लोग बाहर हँसी-मज़ाक और नाश्ते-पानी में व्यस्त थे।

डॉ. अक्षय को एक चीज रह-रह कर खटक रही थी। वे उस बात को जानने के लिए बेचैन थे। आखिर में उन्होंने अपने एक वरिष्ठ सहयोगी डॉ. महेश को पकड़ ही लिया, ''सर! राष्ट्रीय सेमिनार तो अच्छा हो रहा है, लेकिन जिस तरह पिछली साल हुआ था, वैसे ही तो हो रहा है। पिछली साल एक लाख रुपये मिले थे। इस साल तीन लाख मिले हैं। इतने पैसे का अन्तर तो कुछ समझ में नहीं आ रहा है।'' डॉ. महेश ठहाका मारकर हँसने लगे, ''अक्षय जी अभी आप नये हैं। धीरे-धीरे सब समझ जायेंगे। दरअसल बहुत विद्वान आदमी जल्दी सेमिनार करवाने के झंझट में नहीं फँसना चाहता। सेमिनार करवाने के चक्कर में वे अध्यापक ज्यादा परेशान रहते हैं जो सेमिनार के लिए ज्यादा से ज्यादा पैसे का जुगाड़ करने और फर्जी बिल बाउचर बनवाने के विशेषज्ञ होते हैं। वे एक लाख में भी वैसा ही सेमिनार कराते हैं और दस लाख में भी वैसा ही सेमिनार कराते हैं। आप इन सब लफड़ों में मत पड़िए। तमाशा देखिए तमाशा...। बाराती की तरह इसे इन्ज्वाय कीजिए...।''

ऐबी

इस पृथ्वी को एक कागज़ बनाकर उसके ऐबीपन की गाथा यदि उस पर लिखना चाहें, तो पृथ्वी रूपी कागज़ छोटा पड़ जायेगा। शेषनाग यदि उसके ऐबीपन की गाथा सुनाना चाहें तो सुनाते-सुनाते उनके सारे फन थक जायेंगे, लेकिन उसकी गाथा नहीं समाप्त होगी। वह एक महाविद्यालय में प्राध्यापक था। उसके पीठ पीछे महाविद्यालय में सब उसे ऐबी ही कहते थे। दुनिया में एक मनुष्य के भीतर जितने भी ऐब हो सकते हैं, वह उन सबकी खान था।

महाविद्यालय में उसका प्रवेश ही फिल्मी अंदाज में होता था। अपनी स्कूटर खड़ी करता, रुककर आगे बढ़ता, किसी महिला प्राध्यापक की स्कूटी की सीट पर ब्लेड चलाते हुए और आगे बढ़ता, किसी प्राध्यापक के ड्राइवर को पचास रुपये पकड़ाते हुए उसकी कार की पेट्रोल की टंकी में बालू डालता, प्राचार्य के पास पहुँचता, किसी की वेतनवृद्धि कुछ दिनों के लिए रोक देने को कहता, किसी अध्यापक या कर्मचारी के खिलाफ नोटिस निकालने को कहता, अपने विषय की

प्रयोगशाला में पहुँचता, सिर्फ एक लड़की को छोड़कर, जिसे उसने पटा रखा होता, सारे लड़के-लड़कियों को वहाँ से भगा देता, काफी समय उस लड़की के साथ प्रयोगशाला में बिताकर वह उस क्लर्क के पास पहुँचता जो उसका लँगोटिया यार था। क्लर्क पहले से ही उसके लिए सुर्ती यानी खैनी बनाकर तैयार रखता। वह खैनी मुँह में दबा लेता तो उसका लँगोटिया यार क्लर्क उसे कमीशन का हिसाब बताता, फलाँ खरीद में इतना कमीशन मिला। उसमें इतना प्रिंसिपल का हुआ, इतना आपका हुआ और इतना मेरा हुआ।''

अपना हिस्सा लेकर वह प्राचार्य के कमरे में जाता। एकाध घंटे प्राचार्य के साथ गपशप करता फिर प्राचार्य की एकाध कलम, कॉपी या सेलफोन धीरे से चुराता और चल देता। उसके ऐबीपन की महाविद्यालय में इतनी दहशत थी कि हर व्यक्ति उससे भागता था। प्राचार्य की तो उसके सामने सिट्टी-पिट्टी गुम हो जाती थी। वह जो आदेश देता था, प्राचार्य वही करते थे। वे इसी में अपनी भलाई समझते थे।

एक दिन महाविद्यालय में बड़ा हंगामा मचा। एक लड़की ने ऐबी के ऊपर छेड़खानी का आरोप लगा दिया। किसी अध्यापक या कर्मचारी की कुछ बोलने की हिम्मत नहीं पड़ी परन्तु लड़कों ने ऐबी को घेर लिया। लड़कों ने प्राचार्य से शिकायत की। प्राचार्य कुछ नहीं बोले। लड़के गुस्से से बेकाबू हो गये। वे ऐबी को पीटने लगे। लोगों के छुड़ते-छुड़ाते ऐबी काफी मार खा गया। महाविद्यालय में ऊपर से तो कोई कुछ नहीं बोला लेकिन सबके कलेजे को बहुत ठंडक पहुँची। पहली बार ऊँट पहाड़ के नीचे आया था।

अगले दिन महाविद्यालय में जब प्राचार्य, सारे प्राध्यापक और कर्मचारी पहुँचे तो लड़कों ने जो समाचार सुनाया कि सब भौंचक्के रह गये। ऐबी छेड़खानी का आरोप लगाने वाली लड़की को कहीं भगा ले गया था। सब लड़के उस लड़की को ही बुरा-भला कह रहे थे। ऐबी के लँगोटिया यार क्लर्क ने मूँछों पर ताव देते हुए कहा, ''देखा! मेरे गुरु ने अपना कमाल दिखा दिया।''

चुप्पी का रहस्य

मनोज बैंक में एक क्लर्क थे। बहुत मस्तमौला इनसान थे। काम करते हुए भी वे कुछ न कुछ फुलझड़ियाँ छोड़ते रहते, जिसके कारण बैंक में ठहाका लगता रहता। लंच के समय तो सारे क्लर्क उन्हें घेर लेते और उनके साथ ही खाना खाते थे। उस समय मनोज पूरे फार्म में रहते। बातों का पूरा पिटारा रहता था उनके पास। लोगों को ऐसी-ऐसी बातें बताते कि लोग हँसते-हँसते लोट-पोट हो जाते। जब भी वे खाली रहते, उनके पास पूरी महफिल जम जाती थी।

इधर कुछ दिनों से बैंक के लोग मनोज में एक अज़ीब बदलाव देख रहे थे। वे चुपचाप रहने लगे थे। लोगों से हँसी-मज़ाक करना उन्होंने बन्द कर दिया था। लोगों के साथ वे बैठते तो, लेकिन बहुत कम बोलते थे। कुछ दिनों तक लोग मनोज से कुछ नहीं बोले। उन्होंने सोचा कि होगी कोई व्यक्तिगत समस्या लेकिन जब समय लम्बा खिंचने लगा तो लोगों का धैर्य जवाब देने लगा।

एक दिन मंगलेश ने पूछ ही लिया, "क्या बात है मनोज? अब एकदम चुप-चुप रहने लगे हो!"

"दरअसल मैंने गुरुमंत्र ले लिया है।" मनोज ने जवाब दिया।

"गुरुमंत्र से क्या हो गया?"

"मेरे गुरुजी ने आदेश दिया है कि झूठ मत बोलना, किसी की निन्दा मत करना, किसी की चुगली मत करना, अश्लील बातें जबान पर मत लाना, किसी की गुप्त बात का प्रकाशन मत करना। मैंने ये सब करना बन्द कर दिया है। अब मेरे पास बोलने के लिए कुछ है ही नहीं।"

दशानन

गाँव में ट्यूबवेल के पास बैठकर दो पढ़े-लिखे लोग बहस कर रहे थे। विषय था—रावण के दस सिर! एक का कहना था कि रावण का सिर्फ एक सिर गर्दन से जुड़ा हुआ था। बाकी नौ सिर एक सिर से दूसरे सिर में जुड़ते हुए बने थे। दूसरा इससे सहमत नहीं था। उसका कहना था कि दसों सिर गर्दन से जुड़े हुए थे। यदि दसों सिर गर्दन से न जुड़े होते तो दसों मुँह बोल नहीं सकते थे। दसों मुँह से खाने पर खाद्य-पदार्थ पेट में नहीं जा सकता था।

न जाने कहाँ से घूमते-घूमते गाँव का हरबोलवा छेदी वहाँ पहुँच गया। हरबोलवा प्रायः हर गाँव में होते हैं। ये बेहद हाजिर-ज़वाब होते हैं। इनके पास हर समस्या का समाधान होता है। छेदी थोड़ी देर तक बड़े गौर से दोनों की बहस सुनता रहा। फिर बोल पड़ा, “क्या भैया लोग! आप लोग इतना पढ़ लिये हैं, लेकिन बुद्धि नहीं आयी। आप लोग जिस विषय में अभी नाम लिखाये हैं, मैं उसमें पीएच.डी. कर चुका हूँ। रावण के दस सिर थोड़ी न थे। उसे दस मुँहवाला कहा गया है। यानी वह दस लोगों से दस तरह की बात कहता था। मुझसे कुछ बताया, तुमसे कुछ और इनसे कुछ। उसको दस मुँह वाला इसलिए कहा गया है, इसमें इतनी बहस करने की क्या बात है?”

सिकंदर कौन?

गाँव में दोनों लड़कों का घर आस-पास ही था। नाम था, मुकुल और माधव। दोनों के परिवारों में आपस में काफी मनमुटाव था लेकिन अन्दर ही अन्दर। बोलचाल थी दोनों के परिवारों में। मुकुल पढ़ने में प्रतिभाशाली था। बहुत मेहनती भी था। माधव का मन पढ़ने में नहीं लगता था।

आगे चलकर मुकुल भारतीय प्रशासनिक सेवा में चुन लिया गया। क्षेत्र में मुकुल के माँ-बाप का सम्मान बढ़ गया। सबसे सुखी कवन नर होई, जाकर पूत गवर्नर होई। आई.ए.एस. माने गवर्नर! माधव कुछ नहीं कर पाया लेकिन किस्मत ने साथ दिया। घूस देकर विश्वविद्यालय में बाबू हो गया।

संयोग! एक बार मुकुल को माधव के विश्वविद्यालय में कुछ काम पड़ा। मुकुल वहाँ पहुँचा। पता चला कि यह काम माधव बाबू देखते हैं। मुकुल बाहर खिड़की पर खड़ा होकर माधव को आवाज़ देने लगा। माधव अपने एक मित्र के साथ बैठा बात कर रहा था। मुकुल को देखा तो इस तरह काम करने लगा जैसे

बहुत व्यस्त हो। मुकुल बोला, "यार माधव मैं हूँ मुकुल।" माधव ने उस पर उड़ती हुई नज़र डाली। बहुत बेरुखी से बोला, "हाँ मैं जान रहा हूँ कि तुम मुकुल हो, लेकिन किसी और दिन आना। आज मैं बहुत व्यस्त हूँ।" "यार माधव, मुझे बड़ी मुश्किल से आज भर की छुट्टी मिली है। मेरा काम कर दो। प्लीज!" मुकुल ने कहा। "मैंने कहा न कि मैं आज कुछ नहीं कर पाऊँगा। बाद में आना।" माधव ने लगभग डाँटते हुए कहा।

मुकुल काफी देर तक मिन्नतें करता रहा। माधव टस से मस नहीं हुआ। हारकर मुकुल चला गया।

माधव काम छोड़कर फिर पास बैठे मित्र से बात करने लगा। रौब से बोला, "जानते हो यह कौन था?" मित्र ने उत्सुकता से कहा, "कौन था?" "यह एक बहुत बड़ा आई.ए.एस. अधिकारी है। मेरे गाँव का ही रहने वाला है। मुझे कोई ऐसा-वैसा बाबू मत समझना। बहुत से बड़े अधिकारियों को डाँट कर भगा देता हूँ।" माधव ने उसी रौ में जवाब दिया। "आई.ए.एस. बनने के लिए इसने जितनी मेहनत और तपस्या की थी, आज वह सब सार्थक हो गयी।" मित्र ने कहा। "क्यों?" माधव ने उत्सुकता से पूछा। मित्र बोला "इतनी मेहनत करके अगर यह आई.ए.एस. न बना होता तो कैसे तुम आज एक आई.ए.एस. को भगा पाते? कैसे तुम अपना कालर टाइट करके कहते कि मैं ऐसे आई.ए.एस. अधिकारियों को डाँट कर भगा देता हूँ?"

विनम्रता का कारण

कमलेश कुमार महाविद्यालय में इतिहास के नये प्राध्यापक नियुक्त हुए। बहुत ही सौम्य स्वभाव! पढ़ाते भी अच्छा थे। महाविद्यालय की प्राचार्या उन्हें बहुत मानने लगीं। प्राचार्या चार महीने बाद सेवानिवृत्त होने वाली थीं।

अचानक एक दिन एक नया शासनादेश आ गया। सरकार ने प्राध्यापकों और प्राचार्यों की सेवानिवृत्ति की उम्र सीमा साठ से बढ़ाकर पैंसठ साल कर दी।

कमलेश कुमार के प्रति प्राचार्या का व्यवहार एकदम से बदल गया। अब वे उन्हें बात-बात पर बुरी तरह डाँटने लगीं। इस तरह गरज-गरजकर आदेश देने लगीं, जैसे कमलेश कुमार उनके बँधुआ मजदूर हों।

कमलेश कुमार वैसे ही सौम्य बने रहे। वे कभी प्राचार्या को पलटकर जवाब नहीं देते थे। कितनी भी बेहूदगी से उन्हें आदेश दिया जाता, वे चुपचाप आदेश का पालन कर देते थे। महाविद्यालय के अन्य प्राध्यापक उनकी सहन-शक्ति देखकर दंग थे।

धीरे-धीरे करके प्राचार्या का पैंसठ साल भी बीत गया। महाविद्यालय अध्यापक संघ के अध्यक्ष ने प्राचार्य के कक्ष में एक मीटिंग बुलायी। यह तय करने के लिए कि प्राचार्या का विदाई समारोह कैसे आयोजित किया जाय।

प्राचार्या कक्ष में महाविद्यालय के सभी प्राध्यापक और कर्मचारी उपस्थित थे। प्राचार्या भी बैठी हुई थीं। मीटिंग चल रही थी। अचानक कमलेश कुमार की ओर मुखातिब होकर प्राचार्या बोलीं, ''कमलेश कुमार जी, मैंने जीवन में आप जैसा सज्जन व्यक्ति नहीं देखा। आज मुझे महसूस हो रहा है कि मैंने आपके साथ अच्छा व्यवहार नहीं किया। आपका सामना करने में मुझे थोड़ा संकोच सा महसूस हो रहा है। आपने कभी कोई प्रतिवाद नहीं किया। आखिर आपने ऐसा कैसे किया?''

''यह बड़ा आसान काम था मैडम!'' कमलेश कुमार ने जवाब दिया, ''आप साठ साल के ऊपर हो चुकी थीं। हमारे यहाँ लोग साठ साल के बाद सठिया जाते हैं। साठियाई बुढ़िया का बकवास समझकर मैं आपकी बात पर ध्यान ही नहीं देता था बल्कि आप जब ज्यादा बड़बड़ाने लगती थीं तो मन ही मन मुझे हँसी आने लगती थी। आप जो भी करने को कहती थीं, मैं उसे इसलिए कर देता था कि गुस्से से आपका रक्तचाप न बढ़ जाय। रक्तचाप बढ़ने से आपको कुछ हो जाता तो पाप मेरे सिर ही लगता इसलिए मैं बहुत आनन्द लेता हुआ आपको झेल रहा था। आपको बिलकुल भी शर्मिन्दा नहीं होना चाहिए। आखिर साठ साल का हो जाने से सठिया जाने पर तो आपका कोई बस नहीं था!''

आदमी

शालू शहर के सबसे पॉश इलाके में झाड़ू-पोंछा का काम करती थी। बर्तन साफ करती थी। उसने कुल दस घर पकड़ रखे थे। उसकी आय एक चपरासी की नौकरी करनेवाले व्यक्ति से ज्यादा थी।

जिन घरों में वह काम करती थी, वे बहुत बड़े लोगों के घर थे। फिर भी उनमें से एक घर आर्थिक रूप से थोड़ा-सा हल्का पड़ता था। उस घर में शालू बहुत ठसक दिखाती थी। काम करते समय अक्सर कुछ न कुछ नुक्स निकालती रहती। जरा सा नल की टोंटी खराब हुई कि तुरंत व्यंग्य बाण छोड़ देती, "इस घर में सब कुछ आटोमैटिक रहता है। पता नहीं क्यों लोग महरी लगा लेते हैं। खुद ही क्यों नहीं अपना काम कर लेते? चार पैसे बच जाएँगे।" वॉश बेसिन जरा ढीला हुआ कि फरमान सुना देती, "बहू जी अपना ये विलायती वॉश बेसिन कल तक ठीक करा लीजियेगा नहीं तो मैं आपके यहाँ काम नहीं कर पाऊँगी।"

घर के लोगों को उसका हर व्यंग्य, बाण, उपहास और नखरा झेलना पड़ता था। मुहल्ले में वही एक महरी आती थी। कहीं से दूसरी महरी खोज कर ला पाना कठिन काम था।

शालू का पति पान की दुकान चलाता था। अपने पति से शालू उस घर के किस्से खूब चटखारे लेकर सुनाया करती। खूब मज़ाक उड़ाया करती उस घर के लोगों का।

एक बार शालू अपने पति के साथ अपने पिता के घर गयी। गाँव की हरिजन बस्ती में शालू के पिता का घर था। कुल दस-बारह घर थे। घर भले ही तीन-चार कमरे के थे, लेकिन थे सब पक्के घर। केवल शालू के पिता का घर फूस और खपरैल का था।

एक दिन शहर से जिलाधिकारी गाँव के दौरे पर आये। गाँव में चल रही योजनाओं का जायजा लिया। देखा कि कहीं कोई गड़बड़ी या घपला तो नहीं चल रहा है? वे हरिजन बस्ती में भी गये। एक-एक आदमी के घर जाकर हाल-चाल पूछा। लोगों से पूछा कि उन्हें सरकारी योजनाओं का लाभ मिल रहा है या नहीं? सबसे सम्पन्न हरिजन के घर उन्होंने चाय-नाश्ता भी किया। वे शालू के पिता के घर नहीं गये। उसके घर पर एक सरसरी निगाह डालते हुए चले गये।

जिलाधिकारी चले गये तो शालू को बहुत बुरा लगा। वे उसके घर नहीं आये थे। उसने अपने पिता से कहा, "बाबू! ये डी.एम. साला हमारे घर नहीं आया? क्या हम लोग उसको आदमी नहीं लगते क्या?" उसके पिता ने दुःखी मन से कहा, "बिटिया, टोले में हम लोग सबसे ग़रीब हैं। सबके मकान पक्के हैं। हमारा घर फूस और खपरैल का है।" शालू तमतमाकर बोली, "क्या जिनके घर कच्चे होते हैं, वे आदमी नहीं होते क्या?" शालू का पति हँसते हुए बोला, "तू शहर में कई घरों में काम करती है। जिनके घर थोड़ा सा कच्चे होते हैं, तू भी तो उन्हें आदमी नहीं समझती।"

ग्राम प्रधान

कन्हैयालाल गाँव के मानिन्द लोगों में से थे। खाता-पीता और हँसता-खेलता परिवार था। उनकी निगाह में घर में बस एक ही समस्या थी। उनकी माँ!

उनकी माँ अस्सी बरस की हो चली थीं। प्रायः बीमार होकर बिस्तर पर पड़ जातीं। कन्हैयालाल सोचते थे कि माँ अब इस संसार से निबट जातीं तो ठीक था। सेवा करने से फुर्सत मिलती।

ग्राम-प्रधान का चुनाव नज़दीक आ गया। कन्हैयालाल भी प्रधानी के चुनाव में खड़े हो गये। किसी चुनाव में खड़े होने का यह उनका पहला अनुभव था। कन्हैयालाल ने दिन-रात एक कर दिया। खूब मेहनत की। देखते ही देखते उन्होंने अपने पक्ष में अच्छा माहौल तैयार कर लिया। गाँव के वर्तमान प्रधान और उनके बीच सीधी टक्कर की नौबत आ गयी।

जिस दिन मतदान था, कन्हैयालाल का पूरा परिवार सज-धज कर मत देने गया। माँ को घर पर ही छोड़ दिया गया। दोपहर बीतते-बीतते कन्हैयालाल ने सोचा

कि माँ का एक मत खराब क्यों किया जाय। उन्होंने घर के लड़कों को आदेश दिया। माँ को चारपाई पर लाद-फाँद कर सब उन्हें भी मत दिलाने लेकर चल दिये।

जिस दिन मतगणना शुरू हुई, कन्हैयालाल घर पर ही थे। घर के बाकी लोग समर्थकों के साथ मतगणना स्थल पर डटे हुए थे। मोबाइल फोन से कन्हैयालाल को पल-पल की घटना की जानकारी मिल रही थी। शाम होते-होते कन्हैयालाल को सूचना मिली की वे चुनाव जीत गये। वह भी सिर्फ एक मत से।

कन्हैयालाल खुशी के मारे दौड़कर अपनी माँ के पास पहुँचे और उनके पैर पकड़ लिये।

"क्या हुआ कन्हैया?" माँ ने खाँसते हुए पूछा। कन्हैयालाल बोले, "माँ, मैं चुनाव जीत गया...और वह भी सिर्फ तेरे मत से!"

भिखारी

शराब पीकर वह टुन्न था। दिमाग घूमा। कोठे की ओर चल दिया। कोठे पर पहुँचकर उसने एक दरवाजा खटखटाया। दरवाजा खुला। एकदम सजी-धजी एक औरत सामने थी। औरत उसे आँख मार कर मुस्करायी। वह भी मुस्कराया। अचानक औरत एकदम से गम्भीर हो गयी। उसे घूरने लगी। ''पैसे हैं तेरी जेब में?'' औरत ने पूछा। वह अपनी जेब टटोलने लगा। एक-एक कर सारी जेबें टटोल डालीं। किसी भी जेब में पैसे नहीं थे। उसने लाचारी से औरत की ओर देखा, ''पैसे तो नहीं हैं।'' औरत ठठाकर हँस पड़ी, ''अच्छा! तो आज तू मुझसे भीख माँगने आया है। मेरे शरीर की भीख! क्यों?...तू भी भिखारी हो गया।''

'भिखारी' शब्द अपने लिए सुनकर उसका नशा थोड़ा-सा उतरा। उसने सिर को दो बार झटका, ''...रंडी...बदजात...तू मुझे भिखारी कह रही है।...दो टके की छोकरी...भिखारी होगी तू...।'' ''मैं भिखारी थी। लेकिन अब नहीं हूँ।'' औरत ने उसकी बात काटते हुए कहा, ''तू मुझे भूल गया? ...लेकिन मैं तुझे नहीं भूल सकती।

मैं पहले भीख ही माँगती थी। एक बार मुझे तू मिला। मैंने तेरे आगे हाथ फैलाया। मुझे देखकर तू हँसने लगा था। बोला था, ''भीख माँगना छोड़कर तू कोठे पर बैठ जा। कसम से कहता हूँ। बड़ी कमाई होगी। तेरी बात मानकर मैं कोठे पर चली आयी लेकिन तुझे कभी नहीं भूली। अब तू भी भिखारी बन गया है तो मेरी सलाह मान। तू भी कोठे पर आ जा। दलाली किया कर। मेरे लिए ग्राहक लाया कर। अच्छा पैसा दूँगी तुझे। भीख में कभी-कभी तुझे मेरी देह भी मिल जाया करेगी।''

मरि जइहौं भजइहौं न!

संजू सातवीं कक्षा में पढ़ता था। उसकी कक्षा के सभी बच्चों से सौ-सौ रुपये चंदा माँगा गया। कक्षा के सभी बच्चों को कहीं घूमने जाना था। चंदे का नाम सुनकर संजू का दिल बैठ गया। घर में पैसे का हिसाब-किताब माँ के हाथ में रहता था। उनसे पैसा निकलवाना...। आदमी तो क्या, भगवान के लिए भी कठिन काम था।

"माँ, सौ रुपये चाहिए।" शाम को माँ का मूड कुछ ठीक देखकर संजू ने कहा। "किसलिए?" माँ ने पूछा।

"स्कूल में मेरी कक्षा के सभी बच्चों से माँगा गया है।"

"आज तो नहीं है। पापा से कहूँगी, कल बैंक से पैसे निकालकर लायें। मुझे भी खर्च के लिए जरूरत है। कल शाम को ले लेना।"

संजू बहुत खुश हुआ। माँ बहुत आसानी से पैसा देने के लिए मान गयीं।

"माँ! पापा बैंक से पैसे निकालकर लाये?" अगले दिन संजू ने पूछा।

"अरे बेटा! मेरे तो ध्यान से ही उतर गया। मैं पापा से कहना ही भूल गयी। कोई बात नहीं। कल पापा से कहकर पैसा निकलवा लूँगी।"

संजू थोड़ा सा निराश हुआ लेकिन मन के एक कोने में धीरज भी था कोई बात नहीं! आज नहीं तो कल मिल जाएगा पैसा।

अगले दिन माँ ने भाँप लिया कि संजू अब पैसा माँगने ही वाला है। वे लगीं उसके ऊपर चीखने-चिल्लाने, ''कितने दिन से तुझसे कह रही हूँ कि जाकर राकेश अंकल से पापा की किताब माँग ला। उन्होंने किताब ऐसे रख ली है जैसे उन्हीं की हो। तू है कि मेरी बात एक कान से सुनता है और दूसरे कान से निकाल देता है। निकम्मा और कामचोर कहीं का। आने-जाने में सात-आठ किलोमीटर साइकिल चलानी पड़ जाएगी न! तू आराम से खा और सो। इसके अलावा तू कुछ नहीं कर सकता।'' संजू ने मुँह लटकाकर साइकिल उठायी और किताब लेने चल दिया। अब उस दिन पैसा माँगने का कोई प्रश्न ही नहीं रह गया।

अगले दिन संजू पैसा माँगने का मन बना ही रहा था कि उसकी माँ उसके पापा से उलझ पड़ीं। वे समझ गयी थीं कि संजू पैसा माँगने वाला है। माँ और पापा की कहा-सुनी में घर का माहौल विषाक्त हो गया। ऐसे माहौल में संजू की हिम्मत ही नहीं थी कि वह पैसा माँगे।

अगले दिन शाम को हिम्मत जुटाकर संजू ने माँ से फिर पैसा माँगा। ''हाँ-हाँ मुझे याद है। देख नहीं रहा है कि मैं कितनी व्यस्त हूँ? कल ले लेना।'' माँ ने लगभग खीझते हुए कहा। माँ का रुख देखकर संजू और कुछ कहने की हिम्मत नहीं जुटा सका।

अगले दिन संजू फिर माँ के सामने खड़ा हो गया, ''माँ आज तो सौ रुपये दे दो।''

माँ एकदम से उखड़ गयीं, ''बाप रे बाप! अभी उस दिन सौ रुपये माँग रहा था...उसके अगले दिन भी सौ रुपये माँग रहा था...आज फिर सौ रुपये माँग रहा है...घर में रुपयों का पेड़ लगा है क्या? रोज सौ रुपये—रोज सौ रुपये...भगवान से कह दिया होता, तुझे किसी राजा-महाराजा के यहाँ पैदा करते...भाग यहाँ से! नालायक कहीं का!''

संजू भौंचक्का होकर अपनी माँ का मुँह देखता रह गया।

उधार

कृपाकान्त उस लड़के की बेहयाई से तंग आ चुके थे। लड़का था कि उनका पिण्ड छोड़ने का नाम नहीं ले रहा था। उन्होंने कई तरकीबें आजमायीं। कोई फायदा नहीं हुआ।

दरअसल छः महीने पहले कृपाकान्त के एक परिचित सुरेशचन्द्र उस लड़के को लिवाकर उनके यहाँ आये थे। उनसे कहा था, ''भाई साहब, यह लड़का मेरा दूर का रिश्तेदार है। इसकी उम्र तीस साल है। इसने इंटर पास कर रखा है। अगर हो सके तो कहीं इसकी नौकरी लगवा दीजिए। आपकी बड़ी कृपा होगी।'' कृपाकान्त ने भी औपचारिकता में आश्वासन दे दिया, ''ठीक है! मैं अपनी तरफ से पूरा प्रयास करूँगा। आपका रिश्तेदार है तो मेरा भी रिश्तेदार है।''

सुरेशचन्द्र तो उसका परिचय करवाकर गायब हो गये लेकिन लड़का अगले दिन से रोज उनके यहाँ आने लगा। सुबह या शाम वह कृपाकान्त के यहाँ आ जाता और तीन-चार घण्टे बैठा रहता। सुरेशचन्द्र के संकोच में उन्हें तीन-चार घण्टे

बैठकर उसके साथ गपियाना पड़ता। पन्द्रह-बीस दिन बाद कृपाकान्त का धैर्य जवाब दे गया। उन्होंने लड़के से कहा, "इस तरह रोज-रोज मेरे घर आने की जरूरत नहीं है। नौकरी का कहीं कोई जुगाड़ बनेगा तो मैं सुरेशचन्द्र को सूचित कर दूँगा। सुरेशचन्द्र जी जब तुम्हें बताएँगे, तभी तुम आना।"

उस लड़के पर कोई असर नहीं हुआ। वह उसी तरह आता रहा। उसे देखकर कृपाकान्त को खीझ होने लगी। उनकी सारी दिनचर्या अस्त-व्यस्त हो जाती थी। वे अपना कोई काम नहीं कर पाते थे। उसके रोज-रोज आने से उनके बीवी-बच्चे भी परेशान हो गये थे। दरअसल वास्तविकता यह थी कि कृपाकान्त इस स्थिति में नहीं कि वे किसी को नौकरी दिला सकते।

कृपाकान्त ने उसका नाश्ता-पानी बन्द कर दिया, उसकी उपेक्षा करने लगे। कभी-कभी उसे डाँटने भी लगे लेकिन कोई असर नहीं हुआ। लड़के ने आना जारी रखा।

बहुत सोच-समझकर कृपाकान्त ने एक अनोखी चाल चली। एक दिन उन्होंने लड़के से कहा, "सुनो! तुम अभी बेरोज़गार हो। तुम्हारा खर्चा-पानी तो ठीक से चल नहीं पाता होगा। ऐसा करो, तुम मुझसे दो हजार रुपये उधार ले लो। इससे कुछ दिन तो तुम्हारा खर्चा चलेगा।...लेकिन हाँ! पन्द्रह दिन बाद तुम मेरे पैसे वापस कर देना। पन्द्रह दिन बाद मुझे इन पैसों की सख्त जरूरत है।" लड़का बड़ी खुशी से उधार लेने पर सहमत हो गया।

जैसा कि कृपाकान्त को उम्मीद थी, वह लड़का फिर कभी उनके घर वापस नहीं आया।

आस्था

रमाशंकर की पत्नी काफी बीमार चल रही थीं। महीनों से इलाज चल रहा था। डॉक्टर ने उन्हें धैर्य बँधाया, ''परेशान होने की जरूरत नहीं है। इलाज थोड़ा लम्बा चलेगा, परन्तु आपकी पत्नी पूरी तरह से ठीक हो जाएँगी।'' रमाशंकर को सन्तोष नहीं हो रहा था।

रमाशंकर रोज नियम से भगवान राम के मंदिर में जाते। उनसे प्रार्थना करते कि हे प्रभु! जल्दी से मेरी पत्नी को ठीक कर दो। नियमित रूप से दवा हो रही थी। रमाशंकर का मानना था कि दवा के साथ दुआ भी जरूरी है।

दो महीने हो गये भगवान राम से प्रार्थना करते। पत्नी ठीक नहीं हुई। रमाशंकर का विश्वास हिलने लगा, 'लगता है भगवान राम उतने फायदेमंद भगवान नहीं हैं। हनुमान जी को पकड़ा जाय। हनुमान जी की पूजा का तुरन्त फल दिखता है। भगवान राम के भी सारे बिगड़े काम हनुमान जी ही ठीक करते थे।' रमाशंकर ने निर्णय ले लिया। अगले दिन से वे हनुमान जी की पूजा में जुट गये।

पत्नी अस्पताल में भर्ती थीं। इलाज चल रहा था। इधर हनुमान जी की पूजा भी चल रही थी। हनुमान जी की पूजा करते हुए भी रमाशंकर को दो महीने हो गये। डॉक्टर उनसे कह रहे थे कि आपकी पत्नी की हालत में अब काफी सुधार है लेकिन रमाशंकर को सन्तोष नहीं हो रहा था। अब वे हनुमान जी की मूर्ति को भी थोड़ा सा संदेह की दृष्टि से देखने लगे।

एक दिन रमाशंकर की मुलाकात शास्त्री जी से हो गयी। रमांशकर ने अपने दिल की सारी पीड़ा शास्त्री जी से कह डाली। उनकी सारी बात सुनने के बाद शास्त्री जी ने बड़े प्यार से उनकी पीठ पर हाथ रखा, ''रमाशंकर जी आप मूलभूत त्रुटि कर रहे हैं। रोगों के नाशकर्ता और अकाल मृत्यु को रोकने वाले देवाधिदेव भगवान महादेव भोलेशंकर हैं आप उनकी शरण में जाइए। आपके सारे कष्ट छूमंतर हो जाएँगे।'' रमाशंकर को अपनी गलती का एहसास हुआ। उन्हें लगा कि मैं बेकार में हनुमान जी के पीछे पड़ा हूँ। वे शंकर भगवान के पूजा-पाठ में लग गये।

शंकर भगवान की पूजा करते हुए भी दो-ढाई महीने बीत गये। धीरे-धीरे वे शंकर भगवान से भी क्षुब्ध होने लगे। एक दिन उन्हें खेलावन मिला। गेरुआ वस्त्र धारण किए हुए। रमाशंकर ने आश्चर्य से पूछा, ''अरे खेलावन, कब से साधु बन गये?'' खेलावन बोला, ''अरे पूछो मत भइया। मैं भरभण्डा बाबा का शिष्य बन गया हूँ। पहले कहाँ पेट के लाले थे। अब हलवा-पूड़ी खा रहा हूँ। भरभण्डा बाबा कहते हैं कि किसी भगवान की पूजा करने की जरूरत नहीं है। सिर्फ मेरी पूजा करो। तुम्हारे सारे कष्ट दूर हो जाएँगे। कैसा भी रोग-कष्ट हो। भरभण्डा बाबा जिसको एक बार छू देते हैं, उसके सारे रोग-कष्ट दूर हो जाते हैं।'' रमाशंकर बोले, ''खेलावन, मेरी बीवी कई महीनों से बीमार है। मुझे भी भरभण्डा बाबा के पास ले चलो।'' ''कल ही मेरे साथ भौजाई को लिवाकर चलिए। भौजाई एकदम चंगी हो जाएँगी।'' खेलावन बोला।

रमाशंकर अगले दिन अपनी पत्नी और खेलावन के साथ भरभण्डा बाबा के पास पहुँचे। उन्होंने अपना सारा दुखड़ा भरभण्डा बाबा को कह सुनाया। भरभण्डा बाबा ने मुस्कराकर उनकी पत्नी को छू दिया, ''जाओ बच्चा! तुम्हारी पत्नी जल्दी ही ठीक हो जाएगी।''

एक हफ्ते बाद डॉक्टर ने रमाशंकर को बताया, ''बधाई हो! आपकी पत्नी अब पूरी तरह से ठीक हो गयी हैं। अब आपको अस्पताल आने की जरूरत नहीं है।'' अगले दिन रमाशंकर अपनी पत्नी के साथ भरभण्डा बाबा के पास गये और पत्नी सहित उनके चरणों में लोट गये। उन्होंने भरभण्डा बाबा के चरणों में पचास हजार रुपये चढ़ाये।

रमाशंकर पत्नी सहित भरभण्डा बाबा के परम शिष्य बन गये। उन्होंने सारे भगवानों की पूजा करना छोड़ दिया।

चमचा सर्वोपरि

महाविद्यालय में सब डॉ. अंजन से चिढ़ते थे। डॉ. अंजन एक भी कक्षा में नहीं पढ़ाते थे। हमेशा प्राचार्य के पास बैठे रहते। उनका काम था, प्राचार्य की चापलूसी करना और साथी अध्यापकों के खिलाफ़ प्राचार्य को भड़काना। जैसे पहले के राजाओं-महाराजाओं को चारणों की लत लग जाती थी, वैसे ही प्राचार्य को डॉ. अंजन के सोहबत की लत लग गयी थी। जब तक डॉ. अंजन उनके पास न बैठे रहते, उन्हें कुछ अधूरा-अधूरा सा लगता रहता।

डॉ. अंजन की चुगली के चलते महाविद्यालय में किसी न किसी की शामत आती ही रहती। कभी किसी अध्यापक को कारण बताओ नोटिस मिल जाता तो कभी किसी बाबू या चपरासी को। महाविद्यालय राजकीय था। सब को भय सताता था कि प्राचार्य कहीं सी.आर. न खराब कर दें। सब को पता रहता था कि किसके कारण यह सब हो रहा है परन्तु डॉ. अंजन को कोई कुछ कहने का साहस न कर पाता। प्राचार्य के सबसे खास जो थे।

महाविद्यालय में प्राचार्य के बाद सबसे वरिष्ठ अध्यापक डॉ. त्रिवेदी थे। उन्हें भी डॉ. अंजन के चलते अपमानित होना पड़ता था। वे कसमसाकर रह जाते। सोचते थे कि अगर मैं किसी दिन प्राचार्य बना तो इस अंजन के बच्चे को ठीक कर दूँगा।

महाविद्यालय में सारे अध्यापकों और कर्मचारियों की उम्मीद डॉ. त्रिवेदी पर ही टिकी हुई थी। सब उन्हें भड़काते थे, "सर, प्राचार्य का कार्यकाल बस दो साल बाकी है। इसके बाद आप ही प्राचार्य बनेंगे। आप इसको साले को ठीक कर दीजिएगा। इसने सबका जीवन नर्क बना रखा है।" डॉ. त्रिवेदी भी आश्वासन देते, "इसी चीज का तो मैं भी इंतज़ार कर रहा हूँ। इसने मेरी भी नाक में दम कर रखा है। अगर मैं प्राचार्य बना तो इसको ऐसा सबक सिखाऊँगा कि ज़िन्दगी भर याद रखेगा।"

दो वर्ष बाद प्राचार्य सेवानिवृत्त हो गये। डॉ. त्रिवेदी ने चौदह अगस्त को प्राचार्य का कार्यभार ग्रहण किया। अगले दिन पन्द्रह अगस्त था। उन्होंने महाविद्यालय में सबको आदेश दिया कि कल पन्द्रह अगस्त है। सुबह सात बजे तक सभी लोग ध्वजारोहण के लिए महाविद्यालय में उपस्थित हो जायें।

अगले दिन सभी लोग सुबह सात बजे तक महाविद्यालय में उपस्थित हो गये। डॉ. अंजन को छोड़कर! डॉ. अंजन साढ़े सात बजे प्राचार्य के साथ उनकी कार से ही आये। डॉ. अंजन प्राचार्य डॉ. त्रिवेदी के साथ-साथ ही लगे हुए थे। डॉ. अंजन को छोड़कर प्राचार्य डॉ. त्रिवेदी किसी से सीधे मुँह बात नहीं कर रहे थे। महाविद्यालय में सारे लोग एकदम से हक्के-बक्के थे।

किस्मत

हर आदमी को शौक होता है कि उसका नाम अखबार में छपे। फोटो अखबार में छपे। प्रमोद जी को भी शौक था। वे कोई कार्यक्रम करवाते या किसी घटना में सम्मिलित रहते तो एक अच्छा-सा समाचार बनाते और उसे लेकर शहर के एकमात्र बड़े अखबार 'प्रभात' के दफ्तर में पहुँच जाते। वहाँ उन्हें जो भी पत्रकार मिल जाता, उसे वह समाचार देकर वे खूब चिरौरी करते थे कि भैया कल के अखबार में यह समाचार ज़रूर छप जाय लेकिन उनका समाचार कभी नहीं छपता था। अगले दिन सबेरे ही अखबार लेकर वे पूरी उत्सुकता और बारीकी से अखबार का एक-एक कोना छान मारते थे और अन्त में वे शुरू हो जाते थे, ''अरे साले 'प्रभात' वाले, तेरा अखबार बन्द हो जाय...एकदम खिली धूप रहे...आसमान में बादल का एक टुकड़ा भी न रहे...फिर भी बिजली कड़के और तेरे घर पर गिर जाय... तेरे बीवी-बच्चे सब मर जायें। साले, तेरा सब कुछ बिक जाय...तू दिवालिया हो जाय...।''

प्रमोद जी को पता था, उनका समाचार क्यों नहीं छपता? दरअसल 'प्रभात' अखबार के समाचार सम्पादक जगजीवन जी से उनकी एक बार कहा सुनी हो गयी थी। उस समय जगजीवन जी समाचार सम्पादक नहीं थे। जगजीवन जी वही खुन्नस पाले बैठे थे। उनके पास जैसे ही कोई ऐसा समाचार पहुँचता, जिसमें प्रमोद जी का नाम रहता, वे उसे रद्दी की टोकरी में फेंक देते थे।

खैर! प्रमोद जी की बद्दुआ रंग लायी। 'प्रभात' अखबार की आर्थिक स्थिति खराब होने लगी। अन्ततः अखबार बन्द हो गया।

'प्रभात' अखबार बन्द होते ही एक बड़े राष्ट्रीय समाचार-पत्र ने जोर-शोर से घोषणा की कि इस शहर से उसके अखबार का संस्करण निकलेगा। प्रमोद जी बहुत प्रसन्न हुए, "और प्रमोद जी से टक्कर लो 'प्रभात' वालों सालों! अब छीलो कद्दू। अब देखना कैसे शान से प्रमोद जी छपते हैं अखबार में।"

एक दिन बड़े धूम-धाम से नये समाचार-पत्र का उद्घाटन समारोह आयोजित किया गया। प्रमोद जी भी उद्घाटन समारोह में पहुँच गये बिना बुलाये ही। लोगों को पकड़-पकड़कर हाथ मिलाने लगे। अचानक उन्हें जगजीवन जी दिख गये। प्रमोद जी ने सोचा कि पत्रकार होने के नाते इसे निमंत्रण पत्र मिल गया होगा चलकर इससे मज़ा लेता हूँ। "अरे भाई जगजीवन जी नमस्कार!" प्रमोद जी ने पास पहुँचकर मज़ा लेने के मूड में जोरदार अभिवादन किया, "कहिए, यहाँ कैसे?" जगजीवन जी मुस्कराये, "यह बात तो मुझे आपसे पूछनी चाहिए। मैं तो इस अखबार का समाचार सम्पादक हूँ। आप यहाँ कैसे?" प्रमोद जी का सिर घूमने लगा। उन्होंने बड़ी मुश्किल से अपने को सँभाला और एक कुर्सी पकड़कर उसी पर बैठ गये।

कलट्टर

"अरे लल्लन कहाँ जा रहे हो?" रास्ते में लल्लन से सुकुरू मिल गया।

"झल्लर के यहाँ जा रहा हूँ। बधाई देने। तुम भी चलोगे?" लल्लन ने पूछा। "मैं तो सवेरे ही दे आया बधाई। जाओ तुम अकेले ही दे आओ।" सुकुरू बोला। लल्लन ने मूँछों पर ताव दिया, "यार हम लोगों की तो नाक ऊँची हो गयी। पहले झल्लर यहीं गाँव में हम दोनों के साथ पढ़ता था। देखो कलट्टर हो गया। हम लोगों में कोई तो लायक निकला।" "हाँ यार! हम लोग तो ज़िन्दगी भर यहीं खेती करते रह जायेंगे। झल्लरवा आई.ए.एस. बनकर मौज करेगा।"

लल्लन बोला, "झल्लर जिस दिन जाएगा, मैं टेशन उसको गाड़ी पर बैठाने जाऊँगा। तुम भी चलोगे?"

"हाँ यार! उसकी अन्तिम यात्रा में मैं भी कन्धा देने चलूँगा।"

"क्या बकवास कर रहा है यार! शुभ-शुभ बोल!"

“बहुत उम्मीद मत कर लल्लन। समझ ले कि झल्लर अब हम लोगों के लिए मर गया। तू सोच रहा है कि वह कलट्टर बन गया है तो हम लोगों के काम आयेगा। तीन-चार साल बीतने दे। उसके बाद मिलने पर वह हम लोगों को पहचानने से भी इनकार कर देगा। इसलिए चल कन्धा देकर उसको अन्तिम विदाई दे आ। उसके बाद गाड़ी से वह स्वर्ग चला जाएगा। हम यहीं नरक में ही रह जाएँगे।

करवाचौथ

आज अक्षत की पत्नी करवाचौथ का व्रत थी। अक्षत और उसकी पत्नी साक्षी की शादी हुए अभी आठ महीने हुए थे। पहला करवाचौथ था। अक्षत बहुत प्रसन्न था। आज उसने छुट्टी ले ली थी। सवेरे से ही वह दौड़-दौड़ कर पत्नी का सारा काम कर रहा था। अब तक पत्नी के सामान खरीदने वह चार बार बाजार जा चुका था। दो बार पत्नी को लेकर। दो बार अकेले।

अक्षत की छोटी बहन ने चुटकी ली, "भइया! भाभी के साथ आपको भी व्रत रख लेना था। दुगुना मज़ा आता।" अक्षत ने भी वैसा ही जवाब दिया, "हाँ! इस तरफ तो मेरा ध्यान ही नहीं गया था। अगले साल से मैं भी व्रत रहूँगा।"

साक्षी एक पढ़ी-लिखी सुंदर लड़की थी। बड़े सम्पन्न मायके से वह ससुराल आयी थी। अक्षत एक ग़रीब परिवार का लड़का था, परन्तु पढ़ने में बहुत मेधावी था। उसे बहुत अच्छी नौकरी मिल गयी, अतः परिवार अब खुशहाल था।

साक्षी दिन भर बिना अन्न-जल के रही। दिन डूब चुका था। साक्षी से ज्यादा अक्षत व्यग्र था। वह पाँच-छः बार छत पर चढ़कर देख आया था। चन्द्रमा अभी नहीं निकला था।

आखिर चन्द्रमा निकल आया। साक्षी छत पर जाकर पूजा करने लगी। बगल में नये-नये कपड़े पहनकर अक्षत भी खड़ा था। चन्द्रमा की पूजा हो गयी। अब अक्षत की पूजा होनी थी। अक्षत बदसूरत नहीं था तो सुन्दर भी नहीं था। साक्षी ने हिकारत और घृणा से अक्षत की ओर देखा। अक्षत ने साक्षी के चेहरे के भाव पढ़ लिये। साक्षी ने आरती की थाली अनमने मन से अक्षत के चेहरे की ओर एक चक्कर घुमायी। हाथ की एक अँगुली के नाखून से अक्षत का एक पैर छुआ। अक्षत खड़ा रहा। ‘‘खड़े-खड़े मेरा मुँह क्या देख रहे हो? अब जाओ नीचे।’’ साक्षी ने अक्षत को डाँटा। अक्षत भारी कदमों से धीरे-धीरे नीचे चला गया। उसका दिनभर का सारा उत्साह काफूर हो चुका था।

राजा की नौकरी

दोनों बहनें मायके आयी हुई थीं। पहली का पति आई.पी.एस. था और इस समय एक बड़े जिले में वरिष्ठ पुलिस अधीक्षक (एस.एस.पी.) के पद पर तैनात था। दूसरी का पति एक महाविद्यालय में प्रोफेसर था।

एक दिन हो ही गयी दोनों बहनों में भिड़ंत। पहली बोली, "नौकरी हो तो मेरे इनके जैसी। जिस दुकान में मन हो, घुस जाती हूँ। जो मन में आता है, खरीद कर चल देती हूँ। मज़ाल है दुकानदार पैसा माँग ले? जिसे भी मन में आता है, दो थप्पड़ जड़ देती हूँ। किसी की हिम्मत नहीं जो चूँ-चपड़ करे।"

"तुम मज़ा मार रही हो!" दूसरी ने हाथ मटकाकर कहा, "अपने पति से पूछो। मज़दूर भी दिनभर मेहनत करने के बाद रात में चैन की नींद सोता है। तुम्हारे पति को न दिन में चैन न रात में। मंत्रियों की डाँट खानी पड़ती है सो अलग। अरे! राजा की नौकरी तो हमारे इनकी है। इनको तो सरकार पेशाब करने के लिए सवा लाख वेतन देती है।" पहली चौंकी, "पेशाब करने के लिए वेतन?"

“और क्या!” दूसरी बोली, “ये ठाठ से गाड़ी से जाते हैं कॉलेज। गाड़ी खड़ी करके जाते हैं कॉलेज के बाथरूम में और वहाँ पेशाब करते हैं फिर महाविद्यालय के रजिस्टर में हस्ताक्षर करके गाड़ी से शान से चले आते हैं घर। कॉलेज ये पेशाब करने के लिए जाते हैं। इसके लिए सरकार इन्हें सवा लाख रुपये वेतन देती है।”

स्त्री-विमर्श वाया लाठी-डण्डा

रन्नो का मन पवन से भर गया था। अब वह उससे ऊबने लगी थी। वह चाह रही थी कि पवन से अब उसका पिण्ड छूटे।

रन्नो चार साल पहले इस गाँव में ब्याह कर आयी थी। मायके से ही उसकी आदत इधर-उधर मुँह मारने की थी। थी तो हल्की सी साँवली, लेकिन नैन-नक्श तीखे थे। इसलिए पुरुष अक्सर उसकी ओर आकर्षित हो जाते थे।

ससुराल में वह तीन साल तक तो कायदे से रही, लेकिन चौथे साल उसकी आँखें गाँव के ही एक लड़के पवन से लड़ गयीं। फिर तो दोनों छुप-छुपकर कभी बाजरे के खेत में, कभी अरहर के खेत में मिलने लगे।

इश्क और मुश्क छुपाये नहीं छुपते। धीरे-धीरे गाँव में खुसुर-फुसुर होने लगी। होते-होते बात रन्नो के पति रज्जन के कान में पहुँची। वह आपे से बाहर हो गया। वह रन्नो पर निगाह रखने लगा। रन्नो को सारा माजरा भाँपते देर नहीं लगी। इस क्षेत्र की वह मँजी हुई खिलाड़ी थी।

एक दिन रन्नो को रास्ते में पवन मिल गया। पवन पढ़ा-लिखा था। वह रन्नो पर अपने पढ़े-लिखे होने का रंग जमाने लगा, "क्यों रन्नो? आजकल दिखायी नहीं दे रही हो? अरे, यह स्त्री-विमर्श का ज़माना है। जैसे मर्द स्वतंत्र है और सब कुछ करने के लिए आज़ाद है, वैसे ही औरत भी स्वतंत्र है। औरत को अगर लगता है कि पति उसके मानसिक स्तर का नहीं है, तो वह किसी और मर्द से दोस्ती करने और उससे शारीरिक सम्बन्ध बनाने के लिए आज़ाद है। मेरा और तुम्हारा मानसिक और शारीरिक सम्बन्ध आज के स्त्री-विमर्श के हिसाब से सोलह आने सही है...।" "ये सब छोड़ो और मेरी बात सुनो!" रन्नो ने अदा दिखाते हुए कहा, "तुम चार पैकेट पारले-जी बिस्कुट और लाई-नमकीन खरीद लो और ले चलकर गाँव के बाहर सुमेर के अरहर के खेत में बैठो। मैं दस मिनट में वहीं आ रही हूँ।"

रन्नो घर पहुँची। रज्जन कुछ काम करने में व्यस्त था। रन्नो फूट-फूटकर रोने लगी। रज्जन घबरा गया, "क्या हुआ?" रन्नो रोते-रोते बोली, "तुम्हारा गाँव इतना गन्दा है कि पूछो मत। अभी रास्ते में पवन मिल गया था। उसने मुझसे कहा कि मैं चार पैकेट पारले-जी और लाई-नमकीन लेकर गाँव के बाहर सुमेर के अरहर के खेत में चल रहा हूँ तुम भी जल्दी से मेरे पीछे आओ। मैं तुम्हें पैसे भी दूँगा।" रज्जन आग-बबूला हो गया, "उसकी साले की ऐसी हिम्मत?" उसने लाठी उठायी और घर के बाहर आ गया। वह दौड़-दौड़कर सबके घर रन्नो द्वारा बतायी गयी बात बताने लगा।

रज्जन की अगुवाई में पचीसों लोग लाठी-डंडे लेकर सुमेर के अरहर के खेत की ओर चल दिये। सुमेर के खेत में सचमुच पवन पकड़ में आ गया। उसके पास से चार पैकेट पारले-जी और लाई-नमकीन भी बरामद हुआ। फिर क्या था? पवन के ऊपर लात-जूते, लाठी-डंडे सब गिरने लगे। लोग उसे घसीटते हुए गाँव में ले आये। सबने, यहाँ तक की उसके घरवालों ने भी, उसके ऊपर थू-थू की।

अगले दिन पवन गाँव छोड़कर भाग गया। रन्नो के पतिव्रता-धर्म का डंका पूरे गाँव में बज गया।

अलग-अलग आज़ादी

रोज-रोज के झगड़े और किचकिच से ऊबकर किरन मायके चली आयी। उसे अपने पति के साथ जो तनाव झेलना पड़ रहा था उसे वह बर्दाश्त नहीं कर पा रही थी।

किरन कानपुर के एक महाविद्यालय में राजनीतिशास्त्र की प्रोफेसर थी। उसकी शादी तीन साल पहले कानपुर के ही एक महाविद्यालय में इतिहास के प्रोफेसर शाश्वत के साथ हुई थी। शाश्वत शादी के पहले से ही पियक्कड़ थे। शादी के दो साल तक तो पत्नी से छुपा-छुपाकर पीते रहे फिर पत्नी के सामने पीने लगे। इस बात को लेकर पति-पत्नी में आये दिन कहा-सुनी, लड़ाई-झगड़ा और मारपीट होने लगी।

किरन का मायका गाँव में था। सवेरे वह जल्दी सोकर उठ गयी। दरअसल रातभर उसे ठीक से नींद ही नहीं आयी थी। थोड़ी देर में मुलकी उसके घर में झाड़ू लगाने आ गयी। मुलकी गाँव की ही एक छोटी जाति की औरत थी। किरन को

देखकर मुलकी चहक पड़ी, ''अरे दीदी, आ गयी क्या? कब आयी?'' ''कल शाम को आयी।'' किरन अपनी उदासी छुपाते हुए बोली, ''मैंने सोचा, बहुत दिन हो गये मुलकी को देखे। चलकर देख आऊँ।'' मुलकी खुश होते हुए बोली, ''बहुत अच्छा किया दीदी, जो आ गयी। मेरी भी कल बायीं आँख फड़क रही थी। मैं सोच रही थी कि कोई न कोई आने वाला है।'' ''और मुलकी क्या हाल-चाल है? तुम्हारा बेटा तो पाँच-छः साल का हो गया होगा। क्या नाम रखा उसका?'' किरन ने बात को आगे बढ़ाया। ''आप लोगों की दुआ से और भगवान की कृपा से सब ठीक-ठाक है दीदी! बेटे का नाम सोनू रखा है। छः साल का पूरा हो गया है। सातवें में लगा है। अब तो स्कूल जाने लगा है।'' मुलकी ने जवाब दिया। ''तुम्हारे पति जोखन का क्या हालचाल है?'' किरन ने पूछा।

मुलकी ठठाकर हँसने लगी। किरन को बड़ा आश्चर्य हुआ, ''इस तरह क्यों हँस रही हो?'' मुलकी हँसते हुए बोली, ''अरे दीदी जोखन को तो मैंने कब का छोड़ दिया। उसके बाद मैं जंगाली के बैठ गयी थी। उससे भी नहीं पटी तो मैंने उसे भी छोड़ दिया। छः महीने पहले मैं शंकर के बैठ गयी। इस समय उसी के साथ रहती हूँ।'' ''लेकिन बेटा तो जोखन का ही है न!'' किरन बोली। मुलकी ने बड़े धौंस से कहा, ''बेटा न जोखन का है जंगाली का। बेटा मेरा है। बेटा हमेशा मेरे साथ रहेगा अगर नया आदमी मेरे बेटे को रखने के लिए तैयार होगा, तब तो मैं उसके साथ रहूँगी, नहीं तो नहीं रहूँगी।'' किरन के मन में एक आशंका उठी, ''मुलकी तुमको अपना पति छोड़ते हुए डर नही लगता कि अब तुम कहाँ रहोगी? कैसे काम चलेगा?'' ''डर कैसा दीदी?'' मुलकी बड़े दबंग अंदाज़ में बोली, ''इतना बड़ा गाँव है! कहीं भी झोपड़ी डालकर रह लूँगी। जाँगर भर खटती हूँ और पेट भर खाती हूँ। किसी मर्द का दिया नहीं खाती हूँ। एक बात और दीदी! हम औरतें मर्दों के बिना रह सकती हैं। ये मर्द औरतों के बिना नहीं रह सकते। कितना भी दुत्कारो! ये औरतों के चक्कर में परेशान रहते हैं।''

किरन के मुँह से एक आह निकल गयी, 'ये छोटी जाति की औरतें कितनी खुश-नसीब हैं। बड़ी जाति में पैदा होने पर औरत को कितना समाज और लोकलाज ढोना पड़ता है। झूठी इज़्ज़त, झूठी शान सिर पर उठाये पूरी ज़िन्दगी घुट-घुटकर जीनी पड़ती है। काश मुझे भी तुम्हारी जैसी आज़ादी मिली होती मुलकी!'

भिखारी का राजयोग

प्रयाग के संगम किनार स्थित बड़े हनुमान जी का मंदिर। मंदिर के पास स्थित मंदिर के महंत की भव्य और आधुनिक कुटिया! कुटिया में दो दिन से देश के एक बहुत बड़े ज्योतिषाचार्य पधारे हुए थे। लोग अपनी जन्म-कुण्डली लाकर पंडित जी को दिखा रहे थे। पंडित जी सबकी शंकाओं का समाधान कर रहे थे।

मंदिर के पास एक थोड़ा सा पढ़ा-लिखा भिखारी था। उसे भी अपना भाग्य जानने की जिज्ञासा हुई। नहा-धोकर और थोड़ा सा ढंग के कपड़े पहनकर वह भी अपना भविष्य जानने पहुँच गया। पंडित जी का पैर छूकर एक किनारे बैठ गया।

उसकी बारी आयी। "कुंडली दो!" ज्योतिषाचार्य ने उससे कहा।

"पंडित जी, कुंडली तो नहीं है मेरे पास।"

"अच्छा किस तारीख को किस सन् में कितने बजे पैदा हुए थे?"

"पंडित जी, मुझे ये सब भी पता नहीं है।"

"ठीक है! कोई बात नहीं! अपना दाहिना हाथ इधर लाओ। तुम्हारा हाथ ही देखता हूँ।" भिखारी ने अपना दाहिना हाथ बढ़ा दिया। पंडित जी उसका हाथ

पकड़कर देखने लगे। "अरे भाई, तुम तो बड़े किस्मतवाले हो।" पंडित जी बोले। भिखारी चौंक गया। पंडित जी आगे बोले, "तुम्हारी किस्मत में तो राजयोग लिखा है।" भिखारी ठठाकर हँस पड़ा, "अरे पंडित जी! मैं तो एक भिखारी हूँ। यहीं मंदिर के पास सालों से भीख माँग रहा हूँ। हनुमान जी की कृपा से पेट भर जाता है।"

पंडित जी के माथे पर बल पड़ गये। एक भिखारी सबके सामने उनकी इज़्ज़त का बाजा बजा दे रहा था। पंडित जी ने भिखारी से पूछा, "यहाँ कुल कितने भिखारी हैं?" "अरे सैकड़ों भिखारी हैं!" भिखारी ने जवाब दिया।

"सब तुम्हें जानते हैं?"

"हाँ, सब मुझे जानते हैं!"

"बाकी सारे भिखारी तुम्हारी इज़्ज़त करते हैं? तुम्हारी बात मानते हैं?"

"हाँ!" भिखारी ने थोड़ा सा अकड़ कर कहा, "मैं सबसे ज्यादा पढ़ा-लिखा हूँ। इसलिए सब मेरी इज़्ज़त करते हैं और मेरी बात मानते हैं।"

"भिखारियों में जब आपस में लड़ाई-झगड़ा हो जाता है, तब क्या होता है?"

"भिखारियों के सारे आपसी लड़ाई-झगड़े का निपटारा मैं करता हूँ। मजाल है किसी की जो मेरे फैसले के खिलाफ़ आवाज़ उठाये? माघ मेला और कुंभ मेला लगने पर मैं ही निर्धारित करता हूँ कि कौन-कौन से भिखारी किस तरफ भीख माँगेंगे..." भिखारी ताव में आकर अपनी बहादुरी हाँकने लगा। "बस-बस! बस करो!" पंडित जी विजयी मुद्र में मुस्कराते हुए सब की तरफ देखने लगे, "यही तो है तुम्हारा राजयोग। तुम हनुमान मंदिर क्षेत्र के सारे भिखारियों के राजा हो। तुम्हारे आदेश के बिना कोई भिखारी कुछ नहीं कर सकता। कोई भिखारी तुम्हारे खिलाफ़ एक शब्द नहीं बोल सकता...तभी मैं कहूँ कि मैं कैसे गलत हो रहा हूँ!"

गलती

उस दिन महाविद्यालय में बूढ़ी प्राचार्या के जवान रखैल का समारोह था। प्राचार्या दस बजे ही महाविद्यालय में आ गयी थीं। बाल एकदम काले कर रखे थे। होठों पर एकदम लाल लिपस्टिक। माथे पर बिन्दी। पूरी तरह सज-धजकर आयी थीं।

समारोह की सारी व्यवस्था वे खुद देख रही थीं। माइक वगैरह बढ़िया ढंग से काम कर रहे हैं या नहीं। गुलाब के फूल की मालाएँ एकदम ताजी हैं या नहीं। मुख्य अतिथि को दिये जाने वाले पुष्पगुच्छ (बुके) और प्रतीक चिन्ह वगैरह उत्तम क्वालिटी के हैं या नहीं। वे चाह रही थीं कि छोटे से छोटे काम के लिए अंशुल यानी उनके प्रेमी को परेशान न होना पड़े। चपरासियों के साथ खुद काम करने में लगी हुई थीं। समारोह एक बजे से होना था। डॉ. अंशुल बारह बजे महाविद्यालय में पहुँचे।

उन्हें देखते ही प्राचार्या चहक पड़ीं, ''क्यों अंशुल? देखो, सारी व्यवस्था ठीक-ठाक तो है न?'' अंशुल ने जेब से पान निकालकर एक पान मुँह में दबाया। सारी व्यवस्था का वे बारीकी से मुआयना करने लगे। वे संतुष्ट हुए, ''हाँ, सारी

व्यवस्था तो ठीक है! बस, बैनर जरा सा टेढ़ा है!'' प्राचार्या चपरासियों के साथ बैनर ठीक करने में लग गयीं।

मुख्य अतिथि आ गये। प्राचार्या ने लपककर उनका स्वागत किया। मंच पर मुख्य अतिथि, प्राचार्या और उनके बगल में अंशुल बैठ गये। कार्यक्रम शुरू हुआ। सरस्वती की प्रतिमा पर माल्यार्पण, दीप प्रज्वलन, सरस्वती वन्दना, मुख्य अतिथि का स्वागत...।

कार्यक्रम सम्पन्न हो गया। मुख्य अतिथि बहुत प्रसन्न और प्रभावित हुए। प्राचार्या के कक्ष में मुख्य अतिथि और महाविद्यालय के सारे अध्यापक बैठकर नाश्ता करने लगे। चूँकि प्राचार्या के प्रेमी का समारोह था, इसलिए मजाल थी कि कोई अध्यापक अनुपस्थित रहता। प्राचार्या परम संतुष्ट थीं। कार्यक्रम बहुत बढ़िया रहा था। उनके प्रेमी की नाक ऊँची हो गयी। उनके चेहरे की खुशी छुपाये नहीं छुप रही थी।

मुख्य अतिथि चले गये। प्राचार्या ने ख़ुशी से पूछा, ''अंशुल, कार्यक्रम बहुत अच्छा था न?'' अंशुल कुछ नहीं बोले। उनका मुँह फूला हुआ था। प्राचार्या एकदम अवाक् रह गयीं। अपने प्रेमी को इस तरह नाराज़ देखकर उनका दिल बैठ गया। अंशुल को बड़ी मुश्किल से वे एक तरफ ले गयीं, ''क्या बात हो गयी? किस लिए नाराज़ हो?'' अंशुल चुप। ''बोलो भी न क्या हुआ? आखिर कौन सी गलती हो गयी!'' उन्होंने अधीर होते हुए पूछा। ''जब आप बोल रहीं थीं...अरे, मुख्य अतिथि का स्वागत करते समय...उस समय आपने एक बार भी मेरा नाम लिया?'' अंशुल ने लगभग उन्हें डाँटते हुए कहा। प्राचार्या अपने भाषण पर ध्यान देने लगीं। उन्हें याद आया कि सचमुच उन्होंने एक बार भी अंशुल का नाम नहीं लिया। ''सारी!'' उन्होंने भरे गले से कहा, ''मुझसे गलती हो गयी। माफ कर दो मुझे। भविष्य में ऐसी गलती नहीं होगी।'' ''ठीक है! इस बार तो कर दे रहा हूँ। भविष्य में अगर आपने दुबारा इस तरह किया तो मुझसे बुरा कोई नहीं होगा।'' कहते हुए अंशुल अपनी मोटर साइकिल की तरफ बढ़ गये। घर जाने के लिए।

महत्त्वपूर्ण आदमी

मंगलेश तहसील में उप जिलाधिकारी थे। हमारे देश में अगर कोई व्यक्ति ठीक-ठाक पद पर पहुँच जाता है तो उसे एक चिपकू चमचा मिल जाता है। यह चमचा आपके हर घरेलू काम को अपने ऊपर ओढ़कर आपको परजीवी बना देता है। फिर आप उसके बिना रह ही नहीं सकते।

ऐसे ही मंगलेश का चिपकू चमचा था—दिवाकर। उसने तहसील में अपनी हनक बना ली थी। किसी को अगर मंगलेश से कोई काम पड़ता तो पहले वह दिवाकर की चिरौरी करता था।

तहसील में एक काफी अच्छा अंग्रेजी माध्यम स्कूल था। वहाँ पढ़ाई तो अच्छी होती ही थी, उस स्कूल में सांस्कृतिक कार्यक्रम बहुत अच्छे होते थे। मंगलेश अच्छे सांस्कृतिक कार्यक्रम देखने के बड़े शौकीन थे। उन्होंने उस स्कूल के बारे में सुन रखा था। उनकी इच्छा थी कि एक बार उन्हें स्कूल के सांस्कृतिक कार्यक्रमों में बुलाया जाय।

स्कूल का वार्षिक समारोह होने वाला था। स्कूल प्रबंधन ने तय किया कि इस वर्ष मुख्य अतिथि के रूप में तहसील के उप जिलाधिकारी को बुलाया जाय। स्कूल प्रबंधन मंगलेश से मिलने का प्रयास करने लगा लेकिन वह दिवाकर के चक्रव्यूह को नहीं भेद पा रहा था। दिवाकर यह सोच रहा था कि स्कूल प्रबंधन पहले उसकी भरपूर खुशामद कर ले, तब उसे उप जिलाधिकारी से मिलवाया जाय।

भरपूर खुशामद करवा लेने के बाद अन्ततः दिवाकर ने स्कूल प्रबंधन को मंगलेश से मिलवा दिया। मंगलेश ने स्कूल के वार्षिक समारोह में मुख्य अतिथि बनने की बात सुनी तो बड़े प्रसन्न हुए। उन्होंने खुशी-खुशी अपनी स्वीकृति दे दी।

वार्षिक समारोह के दिन स्कूल में मंगलेश का अच्छे ढंग से स्वागत हुआ। उनके भाषण के बाद स्कूल के सांस्कृतिक कार्यक्रम शुरू हुए। बहुत अच्छे सांस्कृतिक कार्यक्रम हो रहे थे। मंगलेश को बड़ा मज़ा आ रहा था। उन्होंने मन ही मन तय किया कि वे सारे सांस्कृतिक कार्यक्रम देखकर ही जाएँगे।

अचानक मंच पर से एक उद्घोषणा हुई, "हमारे मुख्य अतिथि जी का कार्यक्रम अत्यन्त व्यस्त है। उन्हें एक ज़रूरी काम से कहीं जाना है। अतः मुख्य अतिथि जी न चाहते हुए भी हमारे बीच से जा रहे हैं।" मंगलेश एकदम से भौंचक्के रह गये। दिवाकर आया और उन्हें लेकर चल दिया। स्कूल के प्रमुख लोग उन्हें बाहर तक छोड़ने आये।

रास्ते में मंगलेश ने दिवाकर से पूछा, "ये मेरे व्यस्त होने की घोषणा किसने करायी?"

"मैंने!" दिवाकर ने जवाब दिया।

"क्यों?" मंगलेश ने पूछा।

"अरे मुख्य अतिथि की हनक तभी रहती है, जब वह कार्यक्रम के बीच में ही उठकर चल दे। तभी लोग समझते हैं कि ये बहुत महत्त्वपूर्ण आदमी हैं। जो मुख्य अतिथि अन्त तक बैठा रहता है, उसे लोग समझते हैं कि साला फालतू आदमी है अन्त तक बैठा हुआ है।" मंगलेश का मन हुआ कि वे अपना सिर पीट लें। लेकिन वे मन मसोसकर रह गये।

□□